£ 3.50

H-lichen Glückwunsch!

Viel Freude mit dem
Buch und auf ein
baldiges Wiedersehen

Alles Liebe
Medea Fromm

Oktober 2012

Erlebnis kochen

Ich möchte dieses Buch meinen beiden Kindern Elisabeth und Philipp widmen.
Ich danke meiner Familie und meinem ganzen Team – vor allem meiner
hervorragenden Küchen-Brigade – für die großartige Unterstützung.
Sie haben mir während der Entstehung dieses Buches den größtmöglichen
Freiraum ermöglicht.

ANDREA GROSSMANN

Erlebnis kochen

MIT DEN JAHRESZEITEN
LEBEN, KOCHEN, GENIESSEN

Mit Fotos von Christian Theny

Impressum

ISBN: 978-3-99011-034-8

© 2011 by Edition Styria in der
Verlagsgruppe Styria GmbH & Co KG
Wien · Graz · Klagenfurt
Alle Rechte vorbehalten

Bücher aus der Verlagsgruppe Styria gibt es
in jeder Buchhandlung und im Online-Shop

Lektorat: Josef Weilguni

Buchgestaltung: Bruno Wegscheider

Bildbearbeitung: Manfred Kostal, Pixelstorm, Wien
Druck und Bindung: Druckerei Theiss GmbH,
St. Stefan im Lavanttal

Fotonachweis

Martin Müller/pixelio.de: 36 o.
Heinz Ober/pixelio.de: 44 o.
Maria Steinbauer: 70
Dieter Haugk/pixelio.de: 74 o.
gnubier/pixelio.de: 78 o.
Kurt-Michael Westermann: 125 o., 148 u., 169 o.
Erich Werner/pixelio.de: 212 o.
Rainer Sturm/pixelio.de: 235 o.

Alle übrigen Fotos sind Originalaufnahmen
von Christian Theny

Inhalt

7	Einleitung
8	Traumtänzer Jänner	Februar
40	Frühlingserwachen März	April
74	Schmetterlinge im Bauch Mai	Juni
109	Sommernachtstraum Juli	August
156	Herbstspaziergang September	Oktober
204	Kaminfeuer November	Dezember
252	Register

Wenn nicht anders angegeben,
gelten die Rezepte für 4 Personen

„Nichts geschieht, ohne dass ein Traum vorausgeht!"
Carl Sandburg

Gute, gesunde Ernährung und Genuss sind wesentliche Faktoren für unser Wohlbefinden. Im Alltag kommt beides häufig zu kurz, die Anforderungen unserer Zeit führen dazu, dass wir viel zu oft auf uns selbst vergessen. Auf das Innehalten, auf das Durchatmen. Auf das Genießen. Also eigentlich auf das Leben.

Jeder von uns ist Teil der Globalisierung. Der Zugang zu exotischen Früchten, früher nie gesehenen Gewürzen, nie geahnten Düften erscheint beinahe schon selbstverständlich, häufig sind Produkte, die eine wochen- und monatelange weltweite Reise hinter sich haben, billiger zu haben als solche, die vor der Haustüre zu voller Reife, zu vollendetem Geschmack herangewachsen sind und quasi pflückfrisch auf dem Teller landen können. Steinharte und unreif gepflückte Früchte, Reifegasen in Containern zur planungsoptimierten Lieferlogistik ausgesetzt – ist das der Fortschritt? Ist es das, was der Organismus braucht? Ist das der Einklang mit der Natur?

Es ist doch viel sinnvoller, sich im Einklang mit den natürlichen Rhythmen, den Zyklen der Natur zu ernähren! Die Vielfalt der Jahreszeiten zu genießen! So wie jede Idee ihre Zeit braucht, um zu reifen, so ist es auch mit den Lebensmitteln – wir haben so viele Möglichkeiten, geben wir uns doch die Chance! Versorgen wir uns auf natürliche, lustvolle Art und Weise mit den lebensnotwendigen Nähr- und Vitalstoffen!

„Menschen brauchen Traditionen", wusste schon Goethe. Und so träumen wir hinter den Kulissen unseres Lebenstheaters von Beständigkeit, geregelten Zeitabläufen und Nachhaltigkeit. Traditionen geben uns Sicherheit, sie werden bewusst wahrgenommen und gepflegt. Feste und Feierlichkeiten stehen häufig im direkten Zusammenhang mit Ernte und Ernährung. Hier wird uraltes Wissen ebenso sichtbar wie tief verwurzelte Dankbarkeit, auch wenn vielen Menschen der Ursprung dieser Feste oft gar nicht mehr klar ist. Die Sehnsucht bleibt bestehen …

Die Sehnsucht nach einem Leben im Einklang mit den Jahreszeiten. Den sechs Jahreszeiten! Ja, sechs Jahreszeiten! Lassen wir uns vom Kalendarium der Natur leiten, sie weiß so viel! Ich lade Sie ein zu einer Reise durch das kulinarische Jahr, mit vielen interessanten und spannenden Geschichten rund um unsere Lebensmittel. Genießen Sie die wertvollen Produkte unserer Heimat dann, wenn sie bei uns reif sind. Aus den jahreszeitlichen Unterschieden erwächst eine unglaubliche Vielfalt, entwickelt sich das Gespür für das, was uns gut tut. Die bildhaften Inszenierungen der einzelnen Themen inspirieren, führen zur Entfaltung der eigenen Kreativität.

Kochen ist für mich eine besondere Art, Geschichten zu erzählen. In diesem Buch gebe ich meinen Träumen und Überzeugungen Gestalt – und ich möchte Sie mit Ihnen teilen. Denn alles hat seine eigene Geschichte, und alles hat seine Zeit!

Andrea Grossmann

*Traum*tänzer

Jänner | Februar

JÄNNER

Seit 1691 (Papst Innozenz XII.) ist der 1. Jänner offiziell der Beginn des neuen Jahres. Im Mittelalter wurde der Neujahrstag als „Fest der Narren" gefeiert. Da durfte auch das „Kleine Volk" lärmen, Trommeln schlagen und schreien. Es war die einzige Zeit im Jahr, wo man im Schutz der Maske auch ungestraft die Wahrheit sagen und Kritik an der Obrigkeit üben durfte. In dieser Form wurde das Fest in die spätere Faschingszeit übernommen. Der Jänner bekam seinen Namen von „Janus", einer der ältesten römischen Gottheiten, dem Gott allen Ursprungs, des Anfangs und des Endes, dem Hüter der Tore, des Ein- und Ausgangs. Janus hatte zwei Gesichter, die in entgegengesetzte Richtung zeigten. Nach hinten in die Vergangenheit und nach vorne in die Zukunft.

FEBRUAR

Der zweite Monat des Jahres wurde nach dem römischen Reinigungsfest „Februa" benannt. Heute feiern wir im Februar den ausgelassenen Fasching und den verliebten Valentinstag; mit dem Aschermittwoch beginnt die christliche Fastenzeit.

Nichts ist, wie es scheint

Um den „Traum-Tänzer" zu beschreiben, möchte ich vorerst den Begriff teilen.
Träume sind Lebenstheater, in denen wir Akteure und Zuschauer zugleich sind.
In Träumen sprengen wir die Rahmen der Begrenztheit. In Träumen begeben wir uns in andere Sphären, wir erschaffen Bilder, deren Dimensionen unser normales Leben übersteigen. Wir kreieren Bilder und Szenen unserer Wünsche. Träume beinhalten Hoffnungen und Illusionen und geben uns auch die Möglichkeit zur „Selbstdefinition".
Wer war ich, wer bin ich, wer möchte ich sein?
Tänzer: Unter Tanz versteht man rhythmische Bewegungen.
Der Tanz verleiht wichtigen Akten des menschlichen Lebens eine besondere Bedeutung. Er dient oft auch zur Abwehr negativer Einflüsse. Die rhythmische Bewegung ist wichtig für die körperliche und emotionale Entwicklung, bringt Körper und Seele in Einklang.

Geschichte des Faschings

Gerade in der kalten Jahreszeit sehnen wir uns nach Traumwelten. Es ist wohl auch kein Zufall, dass der Fasching genau in diese Zeit fällt. Wie wichtig der Fasching für das soziale Gefüge ist, zeigt seine Geschichte.
Faschingsähnliche Feste wurden bereits vor 5000 Jahren in Babylon gefeiert. Eine Inschrift aus dem dritten Jahrtausend vor Christus beweist, dass unter dem Priesterkönig Gudea in der Zeit Jänner/Februar ein siebentägiges Fest gefeiert wurde als symbolische Hochzeit von Vergangenheit und Zukunft (Neujahr). Die Inschrift besagt: „Kein Getreide wird an diesen Tagen gemahlen. Die Sklavin ist der Herrin gleichgestellt und der Sklave an seines Herren Seite." Hier findet sich zum ersten Mal das Gleichheitsprinzip, das bis heute das charakteristische Merkmal des Faschings ist.
An diesem Tag hatten alle das „freie Wort" (straffreie Meinungsäußerung) und überschütteten sich gegenseitig mit Rosen. Aus den Rosen wurde dann möglicherweise das heutige Konfetti.
Die Römer veranstalteten auch farbenprächtige Umzüge mit geschmückten Fuhrwerken, vielen Masken und Figuren. Den strengen Winter versuchte man auszutreiben, indem man mit Masken verkleidet wild um sich schlug oder mit einer Rassel (Ratsche) Krach machte. Hier scheint auch der Ursprung unserer Faschingsumzüge zu liegen.
Im mittelalterlichen Europa feierte man „Narrenfeste" schon seit dem 12. Jahrhundert. Meistens wurden vom einfachen Volk die Herrscher und der Klerus parodiert und teilweise auch lächerlich gemacht.
In Barock und Rokoko wurden vor allem an den Fürstenhöfen und auf den Schlössern ausgelassene Gelage mit einer Vorliebe für Masken aus der italienischen Commedia dell'Arte gefeiert.
Das Wort Fasching kennt man im Hochdeutschen bereits ab dem 13. Jahrhundert. Zunächst als „Vaschanc" und „Vaschang" – was so viel bedeutet wie letzter Ausschank vor der damals noch sehr strengen Fastenzeit.
Eng verbunden mit dem Fasching ist auch ein besonderes Brauchtum rund um die Kulinarik. In der Faschingszeit werden Zutaten bevorzugt, die in der Fastenzeit „verboten" sind wie etwa Fleisch oder Fett. Fettreiche Speisen, Schweinefleisch, Speck und vor allem deftige und süße Speisen, in Fett gebacken, sind besonders beliebt. Die Faschingskrapfen haben daher eine alte Tradition und bis heute an Beliebtheit nichts eingebüßt.
Eine weitere Zutat, welche in Faschingsspeisen häufig vorkommt, sind Hülsenfrüchte. Sie galten als Zeichen der Fruchtbarkeit.

Hochwertige Zutaten werden umhüllt, gefüllt und „versteckt" –
NICHTS IST, WIE ES SCHEINT!
Geheimnisvoll und sinnlich zugleich!

Damit beginnt das Jahr

Die „kalte Jahreszeit" ist nicht die Zeit für erntefrische Ware. Jetzt kann man getrost auf Südimporte und konservierte und gelagerte Lebensmittel zurückgreifen.

Besonders wohltuend für unseren Körper sind

Obst
Blutorangen, Orangen, Clementinen und Mandarinen, Grapefruits, Feigen und natürlich unsere gelagerten Äpfel und Birnen

Gemüse
Feldsalat, Radicchio, Steckrüben, Pastinaken, Wurzelgemüse, Rote Rüben, Kartoffeln, Chinakohl, Grünkohl, Sauerkraut

Kräuter
alle eingelegten, getrockneten oder gefrorenen Kräuter – ob in natürlicher Form oder als Paste verarbeitet

Fleisch
Schaf und Hammel, alle Arten von Wild – von Fasan bis zum Wildschwein (bei manchen Arten beginnt die Schonzeit am 15. Jänner); Rind-, Kalb- und Schweinefleisch haben natürlich das ganze Jahr Saison

Fisch und Meeresfrüchte
Austern, Calamari, Jakobsmuscheln, Kaisergranaten und Hummer, Karpfen, Saibling und Waller

Mit Leichtigkeit bewegen zwischen zwei Welten!
NICHTS IST, WIE ES SCHEINT!

Traumtänzer-Kompositionen in Violett

Violett ist die Farbe der Magie, der Macht, des Geistes und der Spiritualität. Sie öffnet nicht nur das Bewusstsein für nicht materielle Dinge, sondern fördert auch den Schwingungsaustausch zwischen den beiden Gehirnhälften –
TRAUM UND WIRKLICHKEIT.

Violette Töne regen unsere Fantasie an, sie inspirieren uns dazu, außergewöhnliche Ideen in die Tat umzusetzen. Die Farbe Violett steht für den Übergang in die Harmonie der Gegensätze, zwischen dem vertrauten Alltag und dem Unbekannten.

ROTE RÜBEN chic mit violettem Basilikum

Rote-Rüben-Salat einmal anders serviert. Gekochte Rote Rüben in ganz dünne Streifen schneiden (geht sehr gut mit der Aufschnittmaschine) und mit rotem Basilikum in Stilgläsern servieren.

MARINADE
1/16 l weißer Balsamico
1 EL Dijonsenf
Prise Zucker
1/16 l Distelöl
Salz, weißer Pfeffer, etwas Wasser

CHIPS AUS ROTEN RÜBEN
Rohe Rote Rüben in ganz dünne Scheiben schneiden (faconieren oder rund ausstechen), auf eine Silikonmappe geben, ganz leicht mit Staubzucker bestreuen und im Rohr bei 50° trocknen lassen.

Wissenswertes

Das Angusrind kam ursprünglich aus dem schottischen Hochland. Die großen Zotteltiere mit den kurzen Beinen und dem massigen Nacken liefern uns ein ganz besonders zartes Fleisch. Wohl auch deshalb, weil sie keine Stalltiere sind und ihr Muskelfleisch durchtrainiert ist. Einen großen Anteil am Fleischgeschmack hat natürlich auch das frische Almgras.

TATAR VOM ANGUSBEEF
mit Bloody-Mary-Gelee und Bittersalaten

BLOODY-MARY-GELEE
1 l Tomatensaft
3 cl Zitronensaft
6 cl Wodka
12 Bl. Gelatine
Tabasco, 1 Prise Zucker

Gelatine in kaltes Wasser einlegen. Tomatensaft mit Zitronensaft, Wodka und Tabasco verrühren. Abschmecken und erwärmen. Gelatine darin auflösen. Ein flaches Geschirr mit Frischhaltefolie auskleiden und die Mischung eingießen. Mindestens 3 Stunden kühlen. Anschließend aus der Form stürzen, Folie abziehen und rund ausstechen – kleinere Kreise zusätzlich für die Garnitur.

TATAR
300 g Filet vom Angusrind
2 EL roter Paprika, klein gewürfelt
2 EL gehackter Schnittlauch
2 EL gehackte rote Zwiebeln
2 EL gehackte Essiggurken
1 EL Dijonsenf, 1 EL Ketchup
Olivenöl, Salz, Pfeffer, Prise Zucker
klein geschnittene Kapern, ein wenig Chili
Toastbrot, Butter zum Bestreichen

Rinderfilet mit einem scharfen Messer sehr fein hacken (ist wesentlich besser als faschieren), mit allen Geschmackszutaten zu einer einheitlichen Masse vermengen, abschmecken.
Von Toastbrot Kreise ausstechen (geht sehr gut mit Soufflé-Ringen), mit wenig Butter bestreichen und toasten. Tatar darauf verteilen und mit dem Bloody-Mary-Gelee abschließen. Mit dünnen Zwiebelscheiben, zarten Kräutern (Kerbel, Kresse) und Winterblüten ausgarnieren.

GEBRATENE JAKOBSMUSCHELN
auf Rote-Rüben-Fond
mit violetten Gnocchi

Jakobsmuscheln

JAKOBSMUSCHELN AUF ROTE-RÜBEN-FOND

2 gekochte, klein gewürfelte Rote Rüben
1 EL Zucker
1 EL Butter
100 g frischer Mangold
1/4 l Rote-Rüben-Saft
1/8 l Gemüsefond
1 EL Speisestärke (Maizena)
Salz, Pfeffer
1 Msp. frischer Ingwer
12 frische Jakobsmuscheln ohne Corail und Schale
2 EL Olivenöl
Salz, Pfeffer

VIOLETTE KARTOFFELGNOCCHI

400 g mehlige Kartoffeln
400 g Rote Rüben
50 g Mehl
30 g weiche Butter
2 Dotter
Salz
Prise gemahlener Kümmel

TIPP: Frisches Jakobsmuschelfleisch ist fest, weiß und hat einen angenehmen, leicht nussigen Geruch. Tiefgekühlte Ware unbedingt im Kühlschrank auftauen lassen.

Rote Rüben in reichlich Wasser (gewürzt mit Salz, Kümmel, Prise Zucker und etwas Essig) weich kochen. Kartoffeln kochen, schälen und pressen. Ebenso die Roten Rüben schälen, zerkleinern und pürieren. Kartoffeln mit den Roten Rüben und den restlichen Zutaten zu einem geschmeidigen Teig verarbeiten. Auf einer bemehlten Arbeitsfläche zu Gnocchi formen. Im Salzwasser kochen und in zerlassener Butter schwenken.

Zucker und Butter in der Kasserolle karamellisieren, mit Rübensaft und Gemüsefond aufgießen und einreduzieren lassen. Die gewürfelten Roten Rüben dazugeben und ziehen lassen. Mit frischem Ingwer abschmecken. Vor dem Servieren mit der aufgelösten Speisestärke eindicken (Fond sollte noch leicht flüssig sein).
Mangoldblätter im Salzwasser blanchieren, abseihen und in brauner Butter schwenken.
Jakobsmuscheln würzen und in heißem Olivenöl beidseitig scharf anbraten.

Jakobsmuscheln zählen zu den aphrodisischen Lebensmitteln. Sie waren schon im Mittelalter für diese Wirkung bekannt. Den Pilgern des Jakobswegs dienten sie als Erkennungszeichen. Heute sind die Jakobsmuscheln vor allem bei den Gourmets rund um den Erdball beliebt. Sie gehören zu den kostbarsten Schalentieren. Ihr festes, weißes Fleisch schmeckt nussig und leicht süßlich. Auch der Corail, der orangefarbene Rogen, ist eine besondere Delikatesse.
Die traditionelle Muschelsaison ist bei uns die Zeit zwischen September und April. Die Schalen der Jakobsmuscheln eignen sich auch besonders gut für effektvolle Tischdekorationen.

Rote Rüben
sind ein absolutes Winter-Kraftgemüse

Sie sind reich an Kalium, Magnesium, Eisen, Folsäure und Vitamin C – dieser „Cocktail" ist oft wirksamer gegen Erkältungen als so manche Pulverchen. Wenn Sie die Roten Rüben nicht für die Suppe verwenden, dann sollten Sie sie immer nur in der Schale kochen, dabei „rinnt" die Farbe nicht aus und die feinen Aromen werden nicht verwässert.
Die Roten Rüben in leichtem Salzwasser kochen. Etwas Lorbeerblatt und ein Schuss Essig dazu harmonisieren die Bitterstoffe. Auch gebacken schmecken die Roten Rüben außergewöhnlich gut. Dazu die gereinigten Rüben in Alufolie wickeln und bei 200° ca. 60 Min. im Rohr backen. Auskühlen lassen und schälen.

SCHAUMSUPPE
von Roten Rüben und Kokos

400 g Rote Rüben
50 g Lauch
1/2 l Gemüsebouillon
1/2 l Kokosmilch
30 g frischer Ingwer
Saft und Schale von 1 Orange
Zimt, Sternanis, Salz, Pfeffer
1 kleine Zucchini für die Gemüseperlen
Crème fraîche und etwas Kokosraspeln

Rote Rüben schälen und in kleine Würfel schneiden. Lauch putzen und ebenfalls klein schneiden. Beides in etwas Öl glasig anrösten und mit Orangensaft, Gemüsebouillon und Kokosmilch ablöschen. Ingwer reiben und mit den restlichen Gewürzen dazugeben.
Auf kleiner Flamme ca. 25 Min. kochen lassen. Zimt und Sternanis entfernen und die Suppe fein mixen. Durch ein Sieb streichen und abschmecken.
Crème fraîche mit den Kokosraspeln verrühren, kleine Nockerln formen und auf die Suppe setzen. Suppe sehr heiß servieren.

TIPPS: Zucchini-Nudeln als Deko. Dafür die Zucchini mit dem Zestenschneider abschälen. Die Nudeln in etwas Nussöl anrösten und als Dekor auf die Suppe geben.

Die Suppe schmeckt auch mit Kren hervorragend. Dafür die Kokosmilch durch Schlagobers und den Ingwer durch frisch geriebenen Kren ersetzen.

LAMMRÜCKEN
unter der Nuss-Honig-Kruste mit Dörrpflaumensoufflé

Für die Nusskruste die Nüsse hacken. Die Schale der Orange fein schneiden (nicht reiben), Thymian, Rosmarin und Petersilie fein hacken und mit den Nüssen vermischen. Butter zerlaufen lassen, die Semmelbrösel darin anrösten und die Nussmischung unterrühren. Mit Honig abschmecken und kalt stellen.

1 Lammrücken
60 g Walnüsse
60 g Pinienkerne
20 g Honig
60 g Semmelbrösel
60 g Butter
1 Bio-Orange
Rosmarin, Thymian, Petersilie
Salz, Pfeffer
Olivenöl zum Anbraten

Den Lammrücken zuputzen und die Abschnitte für die Sauce zur Seite geben. Lammrücken mit Salz und Pfeffer würzen und in heißer Pfanne rundum kurz anbraten. Die Nusspaste fingerdick auf das Fleisch streichen. Lammrücken in das vorgeheizte Backrohr geben und bei 130° 12–15 Min. garen. Danach Kruste bei starker Oberhitze ca. 4 Min. übergrillen, bis sie goldbraun ist. Vor dem Servieren den Lammrücken etwas ruhen lassen.

LAMMJUS

1 Zwiebel
Wurzelwerk für die Sauce
4 EL Hagebuttenmarmelade
1 l Rindsuppe, 1/4 l Rotwein
Salz, Pfeffer

Fleischabschnitte und Knochen im Rohr stark anrösten. Zwiebel, Wurzelwerk und Kräuter in einer Kasserolle anrösten und 1 EL Tomatenmark einrühren. Mit 1 l Suppe und 1/4 l Rotwein aufgießen (sollte der gleiche sein, den Sie zur Speise trinken). Geröstete Knochen und Fleischabschnitte dazugeben, würzen und 1 Stunde köcheln lassen. Den Jus abseihen und die Hagebuttenmarmelade unterrühren. Eventuell mit eiskalter Butter montieren.

BRIOCHE-DÖRRPFLAUMEN-SOUFFLÉ

500 g Briochewürfel (entrindet)
200 ml warme Milch
4 Eier
80 g Dörrpflaumen
Salz, Pfeffer, Muskat

Briochewürfel mit den klein geschnittenen Dörrpflaumen vermengen. Dotter mit dem Schneebesen in die warme Milch einrühren und über die Briochewürfel gießen. Kurz ziehen lassen. Eiklar zu leicht schmierigem Schnee schlagen und mit 3 EL Mehl vorsichtig unter die Briochewürfel heben. Kleine Auflaufformen befetten. Masse einfüllen und im heißen Wasserbad im Rohr bei 160° 15 Min. garen.

TIPP: Die Briocheförmchen sollten abgedeckt werden, dann geht die Masse besser auf.

DEKOR: VIOLETTE SPRITZKARTOFFELN

2 große Kartoffeln weich kochen, schälen und durch ein Presse drücken. Mit Rote-Rüben-Saft, Salz, Pfeffer und 2 Dottern zu einem feinen Püree verarbeiten. Masse in einen Spritzsack mit feiner Tülle füllen. Fett erhitzen, Ornamente hineinspritzen und frittieren. Herausnehmen und auf Küchenkrepp abtropfen lassen.

TRAUMTÄNZER-SCHOKOLADENTRAUM
Dialog von Schokomousse und Crème brûlée

SCHOKOBISKUIT
5 Eier
120 g Kristallzucker
1 cl Rum
80 g glattes Mehl
20 g Speisestärke (Maizena)
2 EL Öl
3–4 EL Weichselmarmelade

SCHOKOLADENMOUSSE
80 g Bitterkuvertüre
40 g Obers (flüssig)
40 g Milch
1 Dotter
10 g Kristallzucker
150 g Schlagobers (steif geschlagen)
2 Bl. Gelatine

CRÈME BRÛLÉE
1/4 l Schlagobers
6 cl Milch
1 Vanilleschote
8 Eigelb
40 g Kristallzucker
40 g Schokoladenblättchen (oder Schokostreusel)

SCHOKOLADENCANACHE
1/8 l Milch
1/4 l Obers
350 g Bitterkuvertüre
200 g Nougat

Für die Crème brûlée das Schlagobers mit der Milch und dem Mark der Vanilleschote aufkochen. Eigelbe mit Zucker gut verrühren und die heiße Milchmischung unter schnellem Rühren unter die Eigelbmasse mischen. Im Kühlschrank auskühlen und ca. 3 Stunden reifen lassen. Eigelbmasse in Silikonformen gießen und bei 150° ca. 40 Min. garen lassen. Fertige Crème brûlée gleich anfrosten.

Für das Biskuit die Eier mit dem Kristallzucker sehr schaumig schlagen, Rum unterheben. Mehl mit Speisestärke einsieben und vorsichtig unterheben. Die Masse auf ein mit Backtrennpapier ausgelegtes Blech streichen und im vorgeheizten Backrohr bei 200° ca. 8 Min. backen. Nach dem Backen Biskuit auf ein anderes Blech stürzen und das Papier abziehen. Auskühlen lassen.

Kuvertüre im Wasserbad schmelzen. Obers mit Milch und Kristallzucker aufkochen lassen. Den Dotter vorsichtig dazurühren und die eingeweichte Gelatine darin auflösen. Kuvertüre einrühren. Überkühlen lassen.
Bei Zimmertemperatur das steif geschlagene Obers unterheben. Es soll eine luftige, homogene Creme entstehen.

Vom Biskuit Kreise in der Größe der Silikonkuppeln ausstechen, mit heißer Weichselmarmelade bestreichen.
Silikonkuppeln zur Hälfte mit Schokomousse auffüllen. In die Mitte die angefrorene Crème brûlée setzen und wieder mit Schokomousse abdecken. Zum Abschluss das Schokobiskuit daraufsetzen (Marmeladeseite zum Mousse) und ca. 4 Stunden frieren lassen.
Den noch gefrorenen „Traum" mit Schokocanache überziehen.

TIPP: Die Canache soll beim Glacieren 35–40° haben.

BRIE-TRILOGIE mit schwarzen Nüssen

CAMEMBERT-CRÈME-BRÛLÉE
4 Dotter
100 g würziger,
cremiger Camembert
1/8 l Milch
3/8 l Schlagobers
Salz, frisch gemahlener weißer
Pfeffer
2 EL brauner Rohzucker

Den Camembert in kleine Würfel schneiden. Milch erwärmen und den Camembert darin auflösen, würzen. Das Obers und die Dotter dazugeben und kräftig unterschlagen. Eventuell durch ein feines Sieb gießen. Die Masse in feuerfeste Formen füllen und im vorgeheizten Backrohr bei 180° stocken lassen.
Auskühlen lassen und vor dem Servieren mit braunem Rohzucker bestreuen. Mit einem Brenner flambieren, bis der Zucker karamellisiert (nicht zu dunkel werden lassen) und servieren.

BRIE-BROT-CHIP
Schwarzbrot mit der Aufschneidemaschine in dünne Scheiben schneiden. Über eine kleine Auflaufform (Rinnenform) legen und im Backrohr trocknen lassen. Die gebogenen Brotchips mit einer dünnen Scheibe Brie belegen und mit etwas braunem Zucker bestreuen. Flämmen.

BROMBEER-CHUTNEY
100 g Brombeeren
(auch TK-Ware möglich)
1 kl. Chilischote
3 Schalotten
3 EL Rohzucker
4 cl Balsamico
4 cl Portwein

Schalotten schälen und klein schneiden, Chilischote halbieren, die Kerne entfernen und die Schoten sehr fein schneiden. Schalotten und Chilischote in etwas Nussöl anrösten und mit Zucker karamellisieren. Die Brombeeren dazugeben und mit dem Portwein und dem dunklen Balsamico ablöschen. Einkochen lassen. Eventuell noch mit Salz und Honig nachwürzen

TIPP: Sehr schön macht sich als Garnitur auch ein Beerenspieß.

GEFÜLLTER CAMEMBERT
120 g Brie
50 g cremiger Ricotta
70 g Crème fraîche
2 Bl. Gelatine
2 EL Milch
Salz, weißer Pfeffer
schwarze Nüsse, klein gehackt
(es können aber auch Walnüsse
oder Pistazien sein)

Gelatine einweichen und in warmer Milch auflösen. Mit dem cremigen Ricotta und der Crème fraîche gut verrühren, würzen. Brie in schöne Scheiben schneiden und jeweils eine Scheibe mit der Ricottamasse bestreichen und zusammensetzen. In Frischhaltefolie wickeln und gut durchkühlen lassen. Erst kurz vor dem Servieren aufschneiden.

TIPP: Brie-Trilogie ist ideal für Gäste. Die Trilogie kann sehr gut vorbereitet werden. Wunderbar harmonieren damit auch frische, mit Honig erwärmte Feigen, die noch mit Feigenschnaps beträufelt werden.

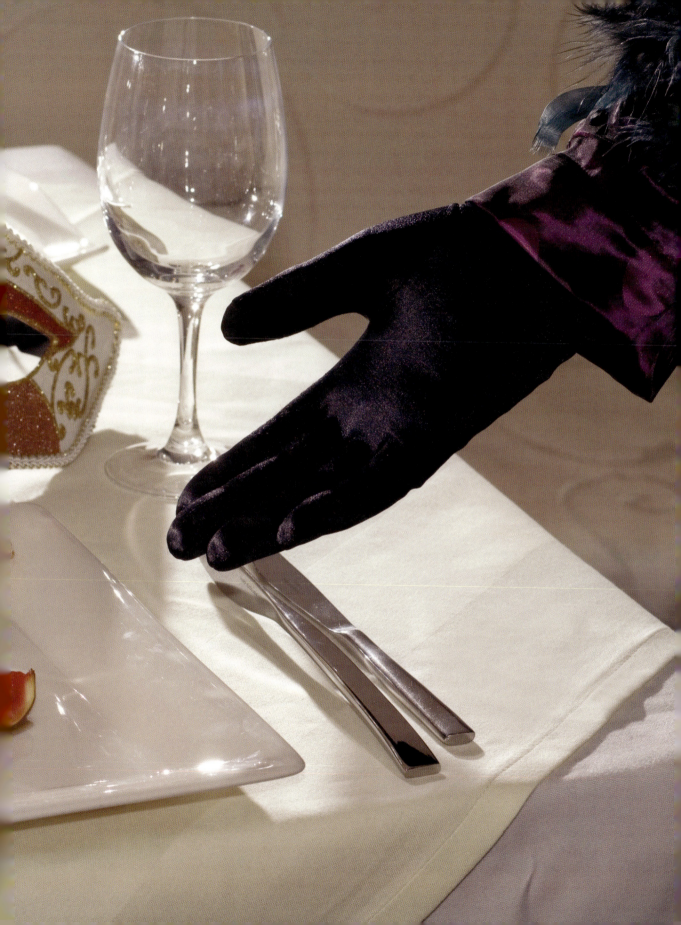

Valentinstag – 14. Februar

Die heutige Tradition des Valentinstags wird meist auf die Legende des Bischofs Valentin von Terni zurückgeführt.

Valentin war im 3. Jahrhundert Bischof der italienischen Stadt Terni. Er soll verliebte Paare, darunter auch Soldaten, denen vom Kaiser verboten wurde zu heiraten, heimlich und auch sonntags getraut haben. Beides war von der Kirche untersagt. Den frisch verheirateten Paaren soll er zusätzlich noch Blumen aus seinem eigenen Garten geschenkt haben.

Die von ihm geschlossenen Ehen standen der Legende nach unter einem guten Stern. Valentin wurde wegen seines christlichen Glaubens auf Befehl von Kaiser Claudius II. am 14. Februar 269 enthauptet.

Doch auch das römische Brauchtum spielt beim „Valentinstag" eine Rolle.

Das römische Fest der „Lupercalia", das am 15. Februar gefeiert wurde, war der Göttin Juno geweiht. Sie war die Schutzpatronin der Ehe.

Wie so oft mischte sich das ältere römische Brauchtum mit der christlichen Geschichte und findet sich so auch noch in unserer heutigen Fest- und Feiertagskultur.

Der Valentinstag wird in der gesamten westlichen Welt als Tag der Liebenden gefeiert. Besonders beliebt sind bei uns nicht nur Blumen- und Konfektgeschenke, sondern auch Valentinsdinner mit aphrodisischen Zutaten.

30 g Butter
50 g Zwiebel (klein geschnitten)
20 g glattes Mehl
1 l Rindsuppe
1/4 l Schlagobers
Salz, weißer Pfeffer
Prise Muskat

Sellerieknollen putzen und im Ganzen im Rohr bei 170° 30 Min. garen.
Butter in einem Topf verlaufen lassen und die Zwiebel darin glasig anrösten.
Sellerieknollen aushöhlen und das Fruchtfleisch zur Zwiebel geben. Kurz mitrösten und mit Mehl bestauben. Mit heißer Suppe und Schlagobers aufgießen. 15 Min. köcheln lassen und würzen. Mit dem Stabmixer schäumen und sehr heiß servieren.

Zum Valentinstag eignen sich auch Gemüse- oder Blätterteigherzen als Dekoration.

TRAUMTÄNZER-TRILOGIE
Terrine von Bratapfel, Gänseleber und Roten Rüben

PARFAIT VON DER GÄNSELEBER

500 g Gänseleber
6 cl weißer Portwein
6 cl Madeira
Salz, Prise Zucker und Pökelsalz

Gänseleber zuputzen (Sehnen und kleinere Stücke durch ein Sieb streichen), Leber in kleine Würfel schneiden und mit Portwein, Madeira und Gewürzen vermischen.
Zugedeckt im Kühlschrank mindestens 4 Stunden ziehen lassen. Gänseleberwürfel abtropfen.

400 g Butter
1 Ei
1 Eidotter

Butter kören, das bedeutet erhitzen und den Schaum abschöpfen. Marinierte Gänseleber im Cutter gemeinsam mit dem Dotter und dem Ei mixen. Warme Butter nach und nach einlaufen lassen und zu einer homogenen Masse verarbeiten.
Terrinenform mit Klarsichtfolie auslegen, Masse einfüllen und mit Alufolie abdecken.
Im Wasserbad 40 Min. pochieren. Terrine mehrere Stunden auskühlen und festigen lassen.

BRATAPFEL-GELEE

2 Äpfel
1/2 l Apfelsaft
50 g Rohzucker
2 cl Calvados
7 Bl. Gelatine
Prise Zimt und Nelkenpulver

Äpfel schälen, in kleine gleichmäßige Würfel schneiden und mit Rohzucker karamellisieren. Mit Apfelsaft ablöschen und weich kochen. Noch lauwarm die eingeweichte Gelatine darin auflösen und mit Calvados abschmecken.
Eine halbrunde Terrinenform mit Klarsichtfolie auslegen und das Apfelgelee einfüllen (sollte nicht mehr als 1/3 der Form ausfüllen), stocken lassen. Gänseleberterrine aus der Form stürzen, Folie abziehen und in Scheiben schneiden. Das Apfelgelee damit belegen. Es sollten keine freien Stellen sichtbar sein. Wichtig: mit Klarsichtfolie erneut abdecken und beschweren, damit die Terrine beim Servieren nicht auseinanderbricht.

ROTE-RÜBEN-GELEE

150 g Rote Rüben
(gekocht und klein gewürfelt)
1/8 l Apfelsaft
1/8 l Orangensaft
1 EL Balsamico
30 g Zucker
4 Bl. Gelatine
Salz, Pfeffer

Gewürfelte Rote Rüben mit Apfelsaft, Orangensaft, Essig und Zucker aufkochen. Eingeweichte Gelatine darin auflösen, abschmecken und überkühlen lassen. Die Klarsichtfolie von der Terrine entfernen und die Terrine nun mit dem Rote-Rüben-Gelee auffüllen. Im Kühlschrank vollkommen erkalten lassen.
Terrine aus der Form stürzen, Folie abziehen und mit Thymianbiskuit und Salatbouquet servieren.

TIPP: Um dem Valentinsdinner einen besonders „verliebten Touch" zu geben, kann man aus dem Gelee auch Herzen ausstechen und als Garnitur verwenden.

JAKOBSMUSCHELN MIT FENCHEL IN PERGAMENT
mit Rote-Rüben-Tagliatelle und Zitronenmelisse-Butter

ROTE-RÜBEN-TAGLIATELLE
250 g Weizenmehl
150 g Hartweizengrieß
4 Eier
4 Dotter
2 EL Olivenöl
1/8 l Rote-Rüben-Saft
(aus dem Reformhaus)

Aus den Zutaten einen geschmeidigen Teig kneten (kann noch leicht kleben) und eine Stunde unter der Folie rasten lassen. Arbeitsfläche bemehlen, Teig dünn ausrollen und die gewünschten Nudeln ausstechen oder schneiden. Nochmals leicht bemehlen und antrocknen lassen. In reichlich Salzwasser al dente kochen.

ZITRONENMELISSE-BUTTER
5 EL Zitronenmelisse-Blätter
2 EL Butter

Zitronenmelisse-Blätter waschen und fein nudelig schneiden. Butter in der Pfanne zerlaufen lassen und mit der Zitronenmelisse aufschäumen lassen. Leicht salzen, die gekochten und abgetropften Nudeln darin schwenken und sofort servieren.

JAKOBSMUSCHELN IN PERGAMENT
400 g Jakobsmuscheln
(ohne Corail und Schale)
2 Fenchelknollen
1 EL Olivenöl
1 EL Butter
Salz, Pfeffer
1 roter Paprika
1 gelber Paprika

Fenchelknollen halbieren und in Salzwasser bissfest kochen. Paprika vierteln und die Filets in schöne, kleine Rauten schneiden. Fenchel abseihen und in Streifen schneiden. Gemüse in heißem Olivenöl anrösten und würzen.
Jakobsmuscheln waschen und trocken tupfen, würzen. Gemüse in die Mitte des vorbereiteten Pergaments geben, die Jakobsmuscheln daraufsetzen. Mit brauner Butter beträufeln. Die Enden des Pergaments über den Muscheln zusammendrehen und im vorgeheizten Backrohr bei 180° ca. 10 Min. garen lassen. Mit dem Pergament servieren.

KÄRNTNER LAXN
auf Mangoldziegel mit Blutorangenpüree

BLUTORANGENPÜREE
550 g mehlige Kartoffeln
1 l Blutorangensaft
(vorzugsweise frisch gepresst)
Salz
weißer Pfeffer aus der Mühle
60 g Butter

Blutorangensaft auf 1/4 l einreduzieren (sollte schon sirupartig sein). Kartoffeln kochen, schälen, passieren und durch ein feines Sieb streichen. Mit heißem Orangensirup und der handwarmen Butter zu cremigem Püree verarbeiten, abschmecken.

TIPP: Sehr gut schmeckt auch etwas frisch geriebener Ingwer in dem Püree.

MANGOLDZIEGEL
300 g frischer Mangold
(oder Pak Choi)
2 EL Butter
Salz, Pfeffer aus der Mühle,
Muskat
eventuell ein Spritzer
Weißwein

Mangold putzen, waschen und trocken tupfen. Butter in einer Pfanne schmelzen und den grob geschnittenen Mangold dazugeben. Mehrmals wenden, salzen, pfeffern und mit frisch geriebenem Muskat würzen, warm stellen.

KÄRNTNER LAXN
440 g frische Laxnfilets
(Kärntner Lachsforelle)
Lorbeerblatt, Wacholder,
frischer Thymianzweig
etwas Zitronenabrieb
etwas Weißwein

1/4 l Wasser mit Weißwein und den Gewürzen aufkochen lassen. Die Laxnfilets darin ziehen lassen (nicht kochen) – der Fisch muss innen noch glasig sein.

Orangenpüree heiß in einen Spritzbeutel einfüllen. Mangold in die Mitte des vorgewärmten Tellers setzen (ziegelartig), das Püree spiralenförmig darüberspritzen und mit der Laxn belegen.
Mit weißen Schaum finalisieren und sofort servieren.

WEISSER SCHAUM
1/8 l Fischfond
1/16 l Obers
1/16 l Weißwein

Fond mit Obers und Weißwein aufkochen und mit dem Stabmixer stark schäumen.

Süße Symphonie – zarte Verführung

Kakaopflanzen wurden schon 1500 v. Chr. am Golf von Mexiko vom Stamm der Olmeken kultiviert. Bei den Mayas galten die Kakaobohnen als Zahlungsmittel.

Die Azteken erkannten als Erste die aphrodische Wirkung. Sie trockneten die öligen und bitteren Bohnen in der Sonne und zerstampften sie anschließend zu feinem Mehl. Dieses Verfahren bewirkte eine chemische Reaktion, die die bitteren Bohnen in eine köstlich duftende Paste verwandelte. So entstand die „Urschokolade". Schon die Azteken und Mayas veredelten die Schokolade mit Vanille, Chili, Blütenblättern und Kräutern. Den Weg nach Europa fand die Schokolade durch Christoph Kolumbus im Jahre 1502. Der Wert der Schokolade wurde aber erst 17 Jahre später durch Hernán Cortés bekannt gemacht.

Lange Zeit war Schokolade nur in Adelskreisen bekannt und für diese erschwinglich, erst mit der industriellen Revolution im 19. Jahrhundert wurde die Köstlichkeit auch für den „normalen Bürger" leistbar.

1848 wurde ein Verfahren entwickelt, bei dem Kakaopulver mit Kakaobutter und Zucker vermischt wurde. Das war die Geburtsstunde der Schokolade, wie wir sie heute kennen.

„O süßer Trunk, Geschenk der Sterne. Du kannst nur ein Getränk der Götter sein", schrieb der Jesuit Farronius im Jahre 1664.

Es ist fast unglaublich – aber rund fünfhundert verschiedene Aromastoffe aus der Kakaobohne, Kakaobutter, Zucker und Milchbestandteile lösen ein wahres Feuerwerk im Gehirn aus und kurbeln die Produktion von Serotonin und Endorphinen an.

Kleine Objekte der Begierde

Eine ganz persönliche Form, „Ich liebe Dich!" zu sagen …

WEISSE PUNSCHTRÜFFEL

30 g Honig
1/4 l Schlagobers
200 g Kochschokolade oder Kuvertüre
30 g Butter
4 cl Rum 60 % (oder 2 cl 80 %)
30 g Rosinen
100 g Biskuitwürfel
200 g weiße Kuvertüre

Rosinen in Rum einlegen. Honig mit Schlagobers und Butter aufkochen. Schokolade in kleine Stücke brechen und unter ständigem Rühren und in der Obersmischung auflösen. 1 Stunde kalt stellen. Biskuitwürfel mit den Rumrosinen in die gestockte Schokomischung einarbeiten. Sollte die Masse zu weich sein, noch mit etwas Biskuitbröseln binden. Kleine Kugeln formen und im Kühlschrank eine weitere Stunde „anziehen" lassen.
Weiße Kuvertüre im Wasserbad schmelzen und die Trüffeln darin wälzen. Auf einem Backtrennpapier oder einer Silikonmatte fest werden lassen.

TIPP: Um die typische leicht stachelige Trüffelform zu erhalten, werden die Trüffel nach dem Tunken in der Kuvertüre auf einem feinen Gitter gewälzt.

Echte Heißmacher ....

HEISSE WEISSE SCHOKOLADE
mit Bacardi und Pinienkernen

1 l Milch
1 Vanilleschote
120 g weiße Schokolade
10 g Vanillezucker
4 cl Bacardi (oder ähnlichen weißen Rum)
6 cl Eierlikör
100 g Pinienkerne
Schlagobers, geschlagen, und weiße Schokospäne

Milch mit Vanillemark und Vanilleschote aufkochen. Schokolade zerkleinern und in der heißen Milch auflösen, mit Rum, Vanillezucker und Eierlikör verfeinern. Pinienkerne in einer Pfanne ohne Fett goldgelb rösten, heiße Schokolade mit geschlagenem Obers und den Pinienkernen servieren.

TIPP: Noch verführerischer und weiß wie Schnee wird Schokolade mit Kokosmilch und Kokosspänen.

SCHOKOCHINO
mit Schoko-Kokos-Knödel

0,3 l Milch
0,1 l Obers
1 Vanilleschote
20 g Kristallzucker
1 Dotter
8 g Vanillepuddingpulver
100 g Kochschokolade
geriebene Schale einer Orange
2 cl Whiskey
2 cl Portwein
2 cl Cognac

Zucker mit Milch und Vanilleschote aufkochen, mit Eigelb und Vanillepuddingpulver eindicken. Aufkochen lassen. Die gehobelte Kochschokolade und die Orangenschale dazugeben und mit den Spirituosen abschmecken.

SCHOKO-KOKOS-KNÖDEL

200 g Mehl
1/2 TL Backpulver
1 Prise Salz
80 g Butter
1 Ei
125 g Sauerrahm
50 g geriebene Mandeln

Kokoskugeln
50 g geriebene Mandeln

Aus den Zutaten einen geschmeidigen Teig zubereiten. Rasten lassen. Die Kokoskugeln mit dem Teig dünn umhüllen und in den Mandeln wälzen, dabei die Mandeln gut andrücken.
In heißem Fett goldgelb frittieren.
Auf Küchenpapier abtupfen, auf einen schönen Bambusspieß stecken und damit den Schokochino (serviert im Glas) garnieren.

Frühlingserwachen

März | April

Es grünt so grün ...
herzlich willkommen ... Frühling

Wärmende Sonnenstrahlen, Vogelgezwitscher, überall sattes Grün mit den ersten Frühlingsblumen, laue Winde mit dem unvergleichlichen Frühlingsduft. All das lässt uns die kalten Wintertage schnell vergessen.
Die Auferstehung der Natur – so ist es auch kein Zufall, dass auch das Osterfest (das wichtigste Fest des Christentums) genau in dieser Zeit gefeiert wird.
Diese spürbare „Lebendigkeit" und „das Wunder Natur" sind einfach immer wieder überwältigend.
Besonders sensible Menschen sehnen sich danach, dass die Tage wieder länger werden. Alles in der Natur saugt nun förmlich die warmen Sonnenstrahlen auf. Das natürliche Licht baut das Melatonin ab und produziert das Glückshormon Serotonin.
Gehen Sie in die Natur und tanken Sie so viel Sonnenlicht wie möglich. Verwöhnen Sie Ihren Körper mit leichten Köstlichkeiten, die aus einer optimalen Mischung aus Kohlehydraten, leicht verdaulichem Eiweiß, Mineralstoffen und vor allem Vitaminen bestehen. Damit bringen Sie Ihren Körper nach dem „Winterschlaf" wieder so richtig in Schwung. Verwenden Sie die nun frischen Kräuter verschwenderisch. Sie machen jedes Gericht außergewöhnlich und interessant und die ätherischen Öle und Aromastoffe sind eine absolute Wohltat für Körper und Seele. Genießen Sie auch die Frühlingsblüten.
Blumen und Blüten verzaubern nicht nur den Garten. Sie sind auch viel zu schade, um nur als Dekoration zum Einsatz zu kommen. Zahlreiche Blüten haben neben der Schönheit ein oft verborgenes Talent – sie sind essbar und richtige Vitaminbomben, und ganz nebenbei geben sie den Speisen eine romantische und sinnliche Note. Besonders Frühlingsblüten harmonieren mit den Wildkräutern und Salaten und stillen auch die Sehnsucht nach Farbe. Sie heben somit die Stimmung und aktivieren zusätzlich den Stoffwechsel.

MÄRZ

Frühlingsbeginn – Lenz. Es verwundert nicht, dass der dritte Monat des Jahres auch Lenzing genannt wurde. Der März hat allerdings seinen Namen von Mars, der römischen Gottheit der Vegetation und Fruchtbarkeit, aber auch des Krieges.
In der althochdeutschen Sprache findet sich im Wort Lenzing oder Lenzmond auch der Hinweis auf den Frühling. Lenzing leitet sich von „lenso" ab. Es bedeutet das Länger-Werden der Tage. Am 21. März ist nicht nur offiziell Frühlingsbeginn, sondern auch Tagundnachtgleiche.

APRIL

Der Monat April war bei den Römern Aphrodite – der Göttin der Liebe, Schönheit und Fruchtbarkeit – geweiht.
Die Herkunft des sonderbaren Brauches vom „Aprilschicken" ist unklar. Die alte Gepflogenheit, von Mitmenschen am 1. April etwas Unsinniges zu verlangen oder sie mittels Falschmeldung irgendwohin zu locken, stammt vermutlich aus dem alten Rom, wo am 1. April das Narrenfest gefeiert wurde.

So schmeckt der Frühling

Die kalten Winternächte weichen nach und nach dem frischen Duft warmer Frühlingstage. Jetzt kommen wir wieder in den Genuss der verführerischen Aromen. Nutzen Sie die hervorragende Kräuterzeit, um den Speiseplan wieder bunt, frisch und leicht zu gestalten. Gerade nach der Winterzeit benötigt der Körper die Hilfe der Natur, um auf natürliche Weise zu entschlacken und zu entgiften. Der „Frühjahrsputz" macht vital und aktiv!

Wild- und Gartenkräuter

Bärlauch, Kresse, Sauerklee, wilder Majoran, Sauerampfer, Schnittlauch, Zitronenmelisse, Liebstöckel, Löwenzahn

Gemüse

alle Arten von Sprossen (hochwertiges Protein), Frühlingszwiebeln, junger Spinat, Erbsenschoten, junge Kartoffeln, junger Knoblauch, Kohlrabi, Radieschen, Rhabarber, Staudensellerie, wilder Spargel, Schnittsalat, Löwenzahn, Frühlingsmorcheln, Pimpinelle, Petersilie, Kerbel, Pfefferminze

Fleisch

Milchlamm, Spanferkel, Stubenküken, Milchkalb, Kaninchen

Fisch

Bachforelle, Saibling, Waller und Zander

Essbare Blüten

Apfelblüten, Löwenzahn, Bärlauch, Gänseblümchen, Taubnessel, Schlüsselblume, Stiefmütterchen, Tulpe

Bärlauch – nicht nur für Grünschnäbel

Von März bis Ende April können die Blätter und Blüten des Bärlauchs geerntet werden. Aufgrund seiner vielen wertvollen Inhaltsstoffe gilt der Bärlauch in fast ganz Europa als Heil- und Gewürzpflanze. Er war schon den Germanen und Kelten bekannt und erlebte in den letzten Jahren eine wahre Renaissance. Absolut zu Recht, denn ähnlich dem Knoblauch besitzt er gesundheitsfördernde Eigenschaften. Durch den hohen Anteil an Vitamin C, Flavonoiden und ätherischen Ölen hat der Bärlauch eine blutreinigende, entschlackende und antibakterielle sowie antivirale Wirkung. Bärlauch sollte am besten roh genossen werden. Mit den neuen Verarbeitungsmethoden (Pacossieren) kann man den Bärlauch als Pesto bzw. Paste verarbeiten und damit das ganze Jahr über den Speisezettel bereichern.
Bärlauch bekommt man im Frühling auf jedem Markt. Wenn man die Bärlauch-Blätter selbst sammelt, sollte man sehr darauf achten, dass man sie nicht mit den giftigen Maiglöckchen-Blättern verwechselt

BÄRLAUCHSUPPE unter Dotterschaum mit gebackenem Sesam-Wachtelei und Bärlauch-Chlorophyll

300 g Bärlauchblätter
1 l Gemüsefond
100 g Butter
100 g Lauch
Salz, Pfeffer, Msp. gemahlener Kümmel und eine Prise Neugewürz

12 Wachteleier
1 Ei
3 EL griffiges Mehl
3 EL feine Semmelbrösel
2 EL Sesam

Bärlauchblätter waschen, entstielen und in kochendem Salzwasser kurz blanchieren. In Eiswasser abschrecken (das erhält die schöne grüne Farbe). Bärlauch klein schneiden und mit etwas Gemüsefond im Mixer fein pürieren. Masse durch ein Sieb streichen.
60 g Butter in der Kasserolle erhitzen und den fein geschnittenen Lauch darin andünsten, mit Gemüsefond aufgießen und würzen. Ca. 10 Min. köcheln lassen. Drei Viertel des Bärlauchpürees einrühren und mit dem Stabmixer aufschäumen. Vor dem Servieren noch mit der restlichen sehr kalten Butter montieren und nochmals aufschäumen.

Wachteleier 2 1/2 Min. im Salzwasser kochen. Vorsichtig schälen, auskühlen lassen und anschließend panieren. In heißem Fett goldgelb ausbacken.

Für das BÄRLAUCH-CHLOROPHYLL wird das verbliebene Bärlauchpüree mit 2 EL Maizena zu einer feinen Masse vermischt. Sehr dünn auf Silikonmatte auftragen und unter dem Rechaud oder im Backrohr bei 70° langsam trocknen lassen. Wenn sich das „Bärlauchpapier" nun leicht von der Silikonmatte löst, ist das Chlorophyll fertig und kann als Garnitur verwendet werden.

DOTTERSCHAUM

1/8 l Gemüsebouillon
3 Dotter
1 EL Lecite (aus der Molekularküche)
Salz, weißer Pfeffer, frisches Bohnenkraut

Bouillon mit den Gewürzen aufkochen. Bohnenkraut entfernen und zusammen mit Dotter und Lecite mit dem Stabmixer kräftig aufmixen, bis ein standfester Schaum entsteht.

BÄRLAUCH-KNÖDEL

500 g mehlige Kartoffeln
2 Eier
100 g feiner Weizengrieß
150 g Mehl
100 g handwarme Butter
250 g Bärlauchblätter
80 g Parmesan
1 kleine Zwiebel
Muskat, Salz
weißer Pfeffer

Für die Bärlauchpaste: Bärlauch grob hacken und in Salzwasser kurz blanchieren. In Eiswasser abschrecken und abseihen. Zwiebel fein schneiden und in 1 EL Olivenöl glasig anrösten, Bärlauch dazugeben und durchschwenken. Masse im Mixer zu einer feinen Paste verarbeiten.

Kartoffeln in Salzwasser weich kochen, schälen und noch heiß durch die Presse drücken. Mit den Eiern, Butter, Mehl, Grieß und den Gewürzen zerbröseln und mit der Bärlauchpaste rasch zu einem homogenen Teig verarbeiten. Kleine Knödel formen und diese in Salzwasser ca. 10 Min. wallend ziehen lassen. Herausheben und mit Nussbutter beträufeln.

TIPP: als hervorragendes vegetarisches Hauptgericht mit einer Gorgonzola-Sabayon servieren.

BÄRLAUCH-MANGOLD-SÄCKCHEN

250 g Mangoldblätter
100 g Bärlauch
1 kleine Zwiebel
250 g Ricotta
100 g Hamburgerspeck
3 EL Obers
Salz, Pfeffer, Muskat
Schnittlauch zum Binden

Mangoldblätter waschen, in Salzwasser blanchieren und in Eiswasser abschrecken (damit die Farbe erhalten bleibt). Sechs schöne große Blätter auf einem Tuch ausbreiten, den Rest kleinwürfelig schneiden.
Den Bärlauch waschen, trocken tupfen und fein nudelig schneiden. Zwiebel und Speck ebenfalls kleinwürfelig schneiden und in etwas Olivenöl anrösten, Bärlauch und Spinat dazugeben, kurz mitrösten und mit Obers ablöschen, würzen. Ricotta unter die ausgekühlte Masse rühren. Aus der Ricotta-Spinat-Masse sechs Kugeln formen und jeweils eine auf ein Spinatblatt legen. Enden zusammendrücken und mit Schnittlauch abbinden.
Säckchen in eine feuerfeste Form geben und mit Folie abdecken. Im Rohr bei 140° ca. 10 Min. erwärmen.

TIPP: Das Abdecken mit Folie oder Tuch ist wichtig, da sonst der Spinat an Farbe verliert.

FRÜHLINGSERWACHEN

OFFENE FRÜHLINGSKRÄUTER-RAVIOLI
mit Zitronengrasbutter

NUDELTEIG

100 g blanchierter Bärlauch
200 g Hartweizengrieß
200 g glattes Mehl
2 Eier
6 Dotter
4 cl kalt gepresstes Olivenöl
Salz, Mehl zum Ausrollen

BÄRLAUCHNUDELTEIG

100 g blanchierten Bärlauch gut ausdrücken und mit 1 Ei, 3 Dottern, 2 cl Öl und Salz im Mixer zu feinem Püree verarbeiten. Dann wie beim „normalen" Nudelteig mit 100 g Weizengrieß und 100 g Mehl weiterverarbeiten. 2 EL Mehl zusätzlich dazugeben, damit der Nudelteig die richtige Festigkeit erhält.

HELLER NUDELTEIG

Die restlichen Dotter mit Ei, Öl und Salz in einer Schüssel mit dem Schneebesen aufschlagen. Nach und nach Mehl und Hartweizengrieß einarbeiten. So lange kneten, bis der Teig sich von der Schüssel löst. Der Nudelteig muss schön glatt sein. Zu einer Kugel formen, mit Klarsichtfolie abdecken und mindestens eine halbe Stunde rasten lassen. Nudelmaschine vorbereiten und die Arbeitsfläche bemehlen. Nudelteig in der Nudelmaschine 1 mm dick ausrollen. Nudelteig in die gewünschte Plattenform schneiden.

ZWEIFÄRBIGER NUDELTEIG

Hellen und grünen Nudelteig dünn ausrollen. Den grünen Teig in dünne Streifen schneiden. Die helle Nudelplatte mit einem Pinsel mit etwas Wasser bestreichen und mit den grünen Streifen belegen (Muster nach Wunsch). Vorsichtig andrücken und mit Mehl bestäuben. Noch ein- bis zweimal durch die Maschine lassen. In 8 x 8 cm große Quadrate schneiden.

ZITRONENBUTTER

100 g Butter
1 EL Zitronensaft
1 EL Zitronenzesten
1 EL Zitronenverbene

Zitronenverbene waschen und in feine Streifen schneiden, Zitronenschale hacken und Zitronensaft auspressen. Butter zerlassen, übrige Zutaten mit dem Schneebesen einrühren und heiß über die Ravioli gießen.

FRÜHLINGSKRÄUTER-RAVIOLI-FÜLLE

100 g gemischte Frühlingskräuter (Kerbel, Bärlauch, Portulak, Löwenzahn, Pimpinelle)
250 g Ricotta (oder fein passierter Topfen)
2 EL saurer Rahm
2 mittelgroße Kartoffeln
Salz, Pfeffer

Kartoffeln in Salzwasser kochen, schälen und noch heiß durch die Presse drücken. Kräuter waschen, trocken tupfen und fein schneiden. Alle Zutaten gut vermengen und kleine Kugeln formen.

Nudelblätter in reichlich Salzwasser mit 2 EL Olivenöl bissfest kochen. Abschöpfen, aber nicht abschrecken. Anschließend mit etwas Kochwasser und Olivenöl in eine Kasserolle geben. So bleiben die Teigblätter warm und kleben nicht zusammen.

Je ein Nudelblatt mit der Ricottamasse belegen, entweder einschlagen (zu einem Dreieck) oder mit einem zweiten Nudelblatt belegen (bei dieser Variante werden die Teigquadrate kleiner geschnitten). Nochmals stark erhitzen, damit auch die Fülle heiß wird.

Heiße Zitronenbutter über die Ravioli geben und mit Bärlauchblüten oder Schnittlauchblüten garnieren. Eventuell Parmesan dazu reichen.

Kresse

Die Kresse zählt zu den beliebtesten Gewürzkräutern. Ihr Ursprungsland ist wahrscheinlich Persien, aber sie wurde auch in den Gräbern der Pharaonen gefunden. Wie so oft brachten die Römer das würzige Kraut nach Mitteleuropa.
Die Kresse galt ursprünglich als Frühlingskraut. Kannte man früher nur die Garten- und Brunnenkresse, gibt es heute eine Vielzahl unterschiedlicher Kresse-Sorten, die eines gemeinsam haben – sie sind unglaublich gesund. Die Kresse ist reich an Vitamin C, B1 und B6 und sie versorgt uns mit den Spurenelementen Eisen, Jod, Chrom und Phosphor. Magnesium, Kalzium, Kalium und das würzige Senföl sind weitere Inhaltsstoffe der kleinen „Scharfmacher". Verwendet werden meist die jungen Sprossen und die Keimblätter. Heute kann man die Kresse das ganze Jahr über kaufen und auch ganz leicht selbst ziehen. Dafür braucht man nicht einmal Erde, es genügt schon ein feuchtes Wattebett.

KRESSE-Quiche

QUICHETEIG
300 g glattes Mehl
2 TL Backpulver
100 g Topfen
(20 % Fettgehalt)
100 g saurer Rahm
100 g handweiche Butter
80 g geröstete
Sonnenblumenkerne
Salz
eine Prise Muskatnuss

Aus den Zutaten rasch einen Mürbteig verkneten und kalt stellen. Auflaufform befetten, den Teig dünn ausrollen und die Form damit auslegen.

BELAG

6 Eier
250 g Crème fraîche
1/4 l Schlagobers
80 g Emmentaler, gerieben
80 g Gouda, gerieben,
zum Darüberstreuen
80 g Kerbel, grob gehackt
1 EL Maisstärke
Salz, Pfeffer, Muskatnuss,
gerieben

Alle Zutaten miteinander vermengen und auf den Teig gießen. Geriebenen Gouda gleichmäßig darüberstreuen und im vorgeheizten Backrohr bei 180° ca. 20 Min. goldgelb backen.

TIPP: Am besten schmeckt die Quiche lauwarm mit Prosciutto und einem Kresse-Dip oder mit einer Kresse-Sabayon.

KRESSE-DIP

100 g saurer Rahm
100 g Mayonnaise
80 g Joghurt
Salz, weißer Pfeffer
Prise Zucker
1 Essiggurke, klein geschnitten
1 Tasse Kresse, klein geschnitten

Alles miteinander verrühren und zur Quiche reichen.

KRESSE-SABAYON

100 ml Weißwein
100 ml Noilly Prat

Auf die Hälfte einkochen.

4 Eier, 8 cl Obers
80 g flüssige Butter
1 TL süßer Senf
Salz, weißer Pfeffer, Prise Zucker
1 Tasse Kresse

Eier in einer Rührschüssel verrühren und im heißen Wasserbad mit Obers und dem reduzierten Weinfond schaumig aufschlagen. Die flüssige Butter dabei nach und nach eingießen und mit Salz, Pfeffer und Zucker sowie Senf würzen. Zum Schluss die gewaschene und klein geschnittene Kresse unterheben.

KALBSFILET IM KRÄUTERMANTEL mit cremiger Polenta

Milch und Dotter aufschlagen, mit Salz und Pfeffer würzen, Kräuterpüree mit dem Mehl und Maizena unterheben. Eiklar steif schlagen und ebenfalls unterheben.
Auf ein mit Backtrennpapier ausgelegtes Blech streichen und im vorgeheizten Rohr bei 165° ca. 15 Min. backen.

2 Filets vom Milchkalb
Salz, Pfeffer, 1 EL süßer Senf, frische Kräuter, fein gehackt

FÜR DIE KALBSFARCE:
Abschnitte vom Filet würfelig schneiden und 1/2 Stunde in das Gefrierfach legen. Anschließend mit 4 cl Schlagobers, 2 Eiklar, Salz und Pfeffer zu einer feinen Masse verarbeiten. Eventuell noch durch ein Sieb streichen. Kalbsfilets würzen und in den gehackten Kräutern wälzen. Kräutermantel auf die Länge der Filets zuschneiden und mit Farce bestreichen. Kalbsfilets auf die Farce legen und fest einrollen. Zuerst in Klarsichtfolie und dann in Alufolie wickeln und im Rohr bei 80° ca. 40 Min. garen lassen (= Niedertemperatur-Garen). Das Filet ist innen wunderbar rosa.
Die Kerntemperatur des Filets beträgt 50°.

FRÜHLINGSKRÄUTERMANTEL
1/8 l Milch
4 Dotter
20 g Mehl
20 g Maizena
60 g diverse Frühlingskräuter (Petersilie, Bärlauch, Pimpinelle) fein gemixt
6 Eiklar

CREMIGE POLENTA

1/4 l Wasser
1/4 l Milch
1 EL Olivenöl
1 TL frischer Thymian
1 Lorbeerblatt
60 g Polenta
1 EL fein geriebener Parmesan
Salz, Pfeffer

Milch, Wasser, Salz und Lorbeerblatt aufkochen. Polenta einrühren und unter ständigem Rühren ca. 1 Min. köcheln lassen. Zugedeckt 15 Min. quellen lassen, dabei öfter umrühren. Lorbeerblatt entfernen. Öl, Thymian und Parmesan unterrühren und eventuell nachwürzen. Sollte die Polenta zu fest geworden sein, noch etwas heiße Milch oder Obers dazugeben. Nockerln formen und zum Kalbsfilet servieren.

Gänseblümchen

Wer kennt sie nicht schon seit Kindertagen. Aus ihnen werden Kränze geflochten, sie kommen in vielen Liedern und in Reimen vor. Sie sind die ersten Frühlingsboten und richtige Sonnenanbeter. Schon seit dem Mittelalter wird das Gänseblümchen als Heilpflanze geschätzt. Aus den kleinen „Korbblütlern" werden Cremes, Tinkturen und Tees gezaubert – immer mit der bekannten stimmungsaufhellenden Wirkung.

GÄNSEBLÜMCHEN-GELEE mit Pimpernelle-Stangerln

*80 g Gänseblümchen
(auch andere Frühlingsblüten
möglich)
1/8 l Wasser
1/8 l Apfelsaft
1/4 l gelber Muskateller
100 g Zucker
1 Prise Zimt, Zitronenzesten
1 Pkg. Vanillepudding*

PIMPERNELLE-STANGERLN
*200 g Blätterteig (tiefgekühlt)
1 Dotter
50 g Pimpernelle
50 g Pistazien
70 g Rohzucker*

Muskateller mit Apfelsaft, Zucker und Gewürzen aufkochen. Puddingpulver in Wasser auflösen und in die heiße Mischung einrühren. 2 Min. köcheln lassen und die gereinigten Gänseblümchen (am besten nur ausschütteln) einstreuen. Überkühlen lassen und in Gläser portionieren. Vor dem Servieren mit frischen Gänseblümchen garnieren.

TIPP: Damit harmoniert auch steif geschlagenes Obers oder Eierlikörobers hervorragend. Wenn Sie das Gelee Kindern servieren, wird der Muskateller durch Wasser und Apfelsaft (1:2) ersetzt.

Pimpernelle waschen und klein hacken. Im Mixer gemeinsam mit Pistazien und Zucker zu einer Paste verarbeiten. Blätterteig auftauen und ca. 3 mm dick ausrollen. Mit Dotter bestreichen und die Pimpernelle-Paste gleichmäßig darauf verteilen. In 1 cm dicke Streifen schneiden, eindrehen und auf ein leicht befettetes Backblech geben. Im vorgeheizten Backrohr bei 180° goldgelb backen.

Wer hätte nicht gerne so einen Strauß voll Ranunkeln und Spargelkraut.
In den schönsten Farben der Sonne macht er nicht nur jeden Tisch zum Highlight, sondern bringt sicher auch all jenen riesige Freude, die so einen Strauß geschenkt bekommen.

Mit ihren wunderbaren Blütenpompons erinnern die Ranunkeln ganz stark an alte Rosensorten. Deshalb haben sie auch den Spitznamen „Lenzrosen". Sie sind dankbare Blüher und halten auch in der Vase lange.

Löwenzahn

Löwenzahn, auch Pusteblume, Mönchsplatte, Kuhblume oder Taraxacum genannt –
er hat viele Namen.
Er ist nicht nur einer der ersten Frühlingsboten, sondern auch das Symbol für die Auferstehung. Die gelben Blüten auf Wiesen und Feldern, der unvergleichlich süßliche Duft steigern die Frühlingsgefühle. Wen wundert es, dass gerade der Löwenzahn auch zunehmend als Dekorationsblume zum Einsatz kommt.
Die wichtigsten Wirkstoffe des Löwenzahns sind die Bitterstoffe. Sehr verbreitet ist die Verwendung der Blätter der Jungpflanze als Salat (entschlackend). Doch auch die gelben Blüten haben ihre Vorzüge, sie bestechen durch einen honigähnlichen intensiven Geschmack. Weitgehend unbekannt ist, dass in den Nachkriegsjahren die inulinreichen Wurzeln, die im Herbst geerntet werden, als Kaffee-Ersatz geröstet wurden.
Probieren Sie einmal eine Frühlingspflanze, die zu Unrecht oft nur als Unkraut bezeichnet wird. Ein selbst gemachter Löwenzahn-Honig ist mit Sicherheit auch ein exklusives Geschenk.

LÖWENZAHN-HONIG

250 g Löwenzahn-blätter
1 l Wasser
1 kg Zucker
(500 g Rohzucker,
500 g Kristall-zucker)
1 unbehandelte Zitrone

Löwenzahnblüten reinigen, in eine Schüssel geben und mit Wasser bedecken. Zugedeckt über Nacht ziehen lassen.
Das Löwenzahnwasser aufkochen und langsam abkühlen lassen – diesen Vorgang mehrmals wiederholen. Löwenzahnwasser filtern und nun den Zucker, den Zitronensaft und die fein gehackte Zitronenschale dazugeben. Unter ständigem Rühren ca. 10 Min. stark kochen, danach nur köcheln lassen, bis eine dickflüssige Masse entsteht. Eventuell in heißem Zustand noch gereinigte Löwenzahnblüten als Farbtupfer dazugeben. Noch heiß in schöne, gut verschließbare Gläser füllen. Kühl und dunkel lagern.

LÖWENZAHN-PANNA-COTTA

80 g Löwenzahnblüten
0,3 l Obers
0,2 l Milch
1 Bourbon-Vanilleschote
1 Pkg. Vanillezucker
50 g Zucker
3 Bl. Gelatine

Obers mit Milch aufkochen, Mark einer Vanilleschote, Vanillezucker und Kristallzucker dazugeben. Unter ständigem Rühren 10 Min. köcheln lassen. Inzwischen Gelatine in kaltem Wasser einweichen, ausdrücken und in der heißen Obersmischung auflösen. Löwenzahnblüten einstreuen und gut durchmischen. In Gläser portionieren und mindestens 4 Stunden kalt stellen. Im Glas servieren – eventuell gemeinsam mit dem Löwenzahnhonig.

Ostern

Ostern ist für die Christen das wichtigste kirchliche Fest. Mit der Einführung des gregorianischen Kalenders fällt das „Auferstehungsfest" Ostern immer auf den ersten Sonntag nach dem ersten Vollmond im Frühling.

Woher stammt der Name „Ostern"?
Darüber gibt es in der Wissenschaft unterschiedliche Auffassungen. Die einen sagen, „Ostern" stamme von der germanischen Fruchtbarkeitsgöttin „Ostara" ab. Sie verehrte den Hasen als heiliges Tier, womit auch der „Osterhase" durchaus heidnischen Ursprungs sein könnte. Eine andere Theorie besagt, dass „Ostern" sich von „Osten" – der Himmelsrichtung der aufgehenden Sonne – ableite und somit auf die Auferstehung verweise.
Und da wäre noch das mittelhochdeutsche „Urständ" – was ebenfalls Auferstehung bedeutet.

Osterbräuche
Einige der Osterbräuche wirken auch heute noch etwas magisch. Sie sind auf jeden Fall ein Überbleibsel aus alten heidnischen Frühlingsfesten, vereint mit vorchristlicher und christlicher Tradition.

Ostereier
Das Ei als Zeichen der Fruchtbarkeit und der Erneuerung kannte man bereits im 5. Jh. v. Chr. Der Brauch, bunte Eier zu verschenken, konnte bereits bei den Ägyptern und bei den Germanen nachgewiesen werden. Im Mittelalter, als in der Fastenzeit keine Eier gegessen werden durften, verwendete man bunt bemalte Eier als Lehenszahlung für die Herren.
Das Verschenken bunter Ostereier war auch für junge Menschen eine wahre Herzensangelegenheit. Die Bedeutung der Farben hat bis heute Gültigkeit. Grün signalisiert Hoffnung, Gelb Eifersucht, mit einem blauen Ei wird Treue geschworen, und ein rotes Ei ist eine Liebeserklärung.

Fleischweihe
Ein Brauch, der bereits seit dem 7. Jahrhundert vorwiegend in der Alpenregion gelebt wird. Das Fleisch und bestimmte Speisen, die am Karsamstag geweiht werden, bilden den Hauptbestandteil der traditionellen Osterjause. In einem typischen „Weihkorb" befinden sich neben dem frischen Osterschinken Kren, Ostereier, Brot und auch der Reindling bzw. Osterwecken.

Osterfeuer
Das Feuer war stets das Symbol der Sonne, die alles erhellt, Schnee und Eis schmilzt und die Erde wärmt. Als Dankbarkeit dafür entzündeten die Menschen ursprünglich das Frühlingsfeuer. Später wurde dieser Brauch in die Osterliturgie übernommen und ist nun ein Symbol für das Licht des Glaubens und den Sieg Jesu über den Tod.

Osterfrühstück

RÜHREIER in der Schale

10 weiße Freilandeier
1/8 l Schlagobers
50 g Frischkäse
1 Bund Schnittlauch
1 Bund Kerbel
50 g Parmaschinken
50 g Mozzarella
50 g würziger Gouda
50 g Saiblingskaviar
(oder auch Forellenkaviar)
Salz, Pfeffer
80 g Butter und etwas Öl

Eier ganz vorsichtig kappen (geht am besten mit einem „Eiersollbruchstellenverursacher"), Schale waschen und vorsichtig in Eierbecher oder auch auf ein mit Kräutern belegtes Tablett geben. Eier mit Schlagobers versprudeln und mit Salz und Pfeffer würzen.
Kerbel waschen und klein schneiden, dabei schöne Blätter als Garnitur beiseite geben. Schnittlauch klein schneiden, Parmaschinken, Mozzarella und Gouda in kleine Würfel schneiden. Öl in der Pfanne erhitzen und nun portionsweise Rühreier mit verschiedenen Zutaten nach Wahl glasig braten und in die Schale füllen.

OSTERBRIOCHE

500 g griffiges Mehl
40 g frischer Germ
1/4 l lauwarme Milch
50 g Zucker
180 g zerlassene Butter
5 Eier
3 Dotter
Salz, etwas Thymian

Mehl in den Rührkessel geben. Germ (Hefe) in lauwarmer Milch auflösen und gemeinsam mit Eiern, Dottern, Salz und Zucker in das Mehl einrühren. Zum Schluss die Butter unterheben und den Teig kräftig schlagen. Zugedeckt an einem warmen Ort „gehen lassen". Die Masse sollte sich verdoppeln. Leicht zusammenschlagen und nochmals aufgehen lassen.
Kleine Brioche formen, auf ein befettetes Blech geben und mit Eidotter bestreichen. Zugedeckt nochmals ca. 10 Min. ruhen lassen. Rohr auf 180° aufheizen und die Brioche ca. 15 Min. goldgelb backen.

OSTEREI im Glas

6 Freilandeier
3 EL Obers
180 g Jungspinat oder Pak Choi
1 kleine Zwiebel
Salz, Pfeffer
Muskatnuss
40 g Butter
30 g Mehl
200 ml Milch
80 g Emmentaler, gerieben

Sechs Kaffeetassen mit Klarsichtfolie auslegen und mit Öl bepinseln. Je ein Ei in die Tassen geben – Dotter muss unbedingt ganz bleiben. Klarsichtfolie vorsichtig zusammendrehen und verschließen. Ei im Wasserbad ca. 3 Min. pochieren. Eier im Eiswasser abschrecken und die Folie vorsichtig abziehen.
Spinat in Streifen schneiden. Klein geschnittene Zwiebel in 2 EL Olivenöl anrösten und den Spinat dazugeben. Mit Obers aufgießen und kurz schwenken, würzen. Den Spinat auf sechs Gläser aufteilen.
Butter zerlaufen lassen, das Mehl einrühren und kurz durchrösten, mit warmer Milch aufgießen, würzen und zu einer feinen Béchamel-Sauce verrühren.
Die pochierten Eier auf den Spinat setzen, mit der Béchamel-Sauce abdecken, mit dem Emmentaler bestreuen und im Backrohr bei starker Oberhitze gratinieren.

TIPP: Statt der Béchamel-Sauce schmeckt auch eine Kren royale (Kren, 2 Dotter, 1/8 l Schlagobers, Salz, Pfeffer, Muskat) hervorragend.

Apropos Ei

Das Ei zählt zu den wohl ältesten Lebensmitteln der Menschheit. Es ist belegt, dass bereits 1400 v. Chr. Hühner zum Eierlegen gehalten wurden. Die ersten Rezepte rund ums Ei wurden uns von den Römern und Griechen schriftlich überliefert.

Es gibt kaum ein Lebensmittel, das so sehr mit dem Frühling und Ostern verbunden ist, wie das Ei. Es ist auch unglaublich vielseitig einsetzbar. Von den unersetzlichen Ostereiern bis hin zu Oster-Accessoires. Sie zieren Blumensträuße und Gestecke und eignen sich besonders gut als Tischdekoration. Gerade im Frühling und auch in der Fastenzeit war und ist das Keferfil-Ei (Rührei mit frischem Kerbel) sehr beliebt. Hier ergänzen sich Frühlingskräuter und Eier perfekt.

Kerbel (Keferfil, Kerbelkraut oder auch französische Petersilie genannt) gilt als Symbol für das neue Leben. Er sieht mit den zartgrünen Blättern der Petersilie zum Verwechseln ähnlich. Wenn das Kerbelkraut frisch auf dem Markt angeboten wird, signalisiert es den Frühlingsbeginn. Gartenkerbel wurde in Europa seit dem frühen Mittelalter kultiviert. Besonders in den Klöstern wurde das aromatische, vitaminreiche Kraut als Verfeinerung der Fastenspeise sehr geschätzt.

6 Freilandeier
500 g Rote Rüben
125 ml Rotweinessig
Salz, Nelken, Pfefferkörner
1 EL Zucker
2 Estragonstiele
2 Thymianzweige
1 Rosmarinzweig
1 Knoblauchzehe

80 g Butter
80 g Frischkäse
2 EL saurer Rahm
1 Bund Schnittlauch
Salz, weißer Pfeffer
Prise Zucker

GEFÜLLTE ROSA EIER
auf Frühlingskräutersalat

Eier 7 Min. kochen, abschrecken und schälen. Rote Rüben schälen und in kleine Würfel schneiden. Essig mit ca.1 l Wasser aufkochen, die Roten Rüben, die Gewürze und die Kräuter dazugeben und 5 Min. kochen lassen. Eier in ein hohes verschließbares Gefäß geben – am besten in ein Einweckglas. Sud abseihen und noch heiß über die Eier gießen. Verschließen, auskühlen lassen und für 1–2 Tage in den Kühlschrank stellen.

Eier aus dem Sud nehmen, abspülen und trocken tupfen, halbieren und den Dotter vorsichtig herauslösen. Dotter passieren. Butter cremig aufschlagen, mit dem Frischkäse, Rahm und Dotter zu einer feinen Creme verarbeiten, würzen und den fein geschnittenen Schnittlauch unterheben. Masse in einen Spritzbeutel füllen und in die Eier eindressieren. Mit Frühlingsblüten, roter Kresse oder auch Schnittlauch garnieren.

Salat auf Tellern arrangieren und mit den gefüllten Eiern belegen.

FRÜHLINGSKRÄUTERSALAT

Frühportulak, Kresse, Schnittsalat, Radieschen und Frühlingsblüten auf schönen Tellern arrangieren und mit einem Zitronen-Senf-Dressing beträufeln.
Für das ZITRONEN-SENF-DRESSING Eidotter, kalt gepresstes Olivenöl, 1 EL süßlichen Senf, weißen Balsamico, Zitronensaft und Zitronenzesten, Salz, weißen Pfeffer und eine Prise Zucker aufmixen.

KOMPOSITION VON KANINCHENRÜCKEN UND KANINCHENFILET im Tramezzinimantel mit Erbsenpüree

3 Stk. Kaninchenrücken (am besten schon entbeint und zur Platte aufgeschnitten beim Fleischhauer bestellen, die Knochen und Abschnitte aber für den Jus mitnehmen)
3 Stk. Kaninchenfilets
3 Tramezzinirollen oder entrindetes Toastbrot
2 Eier
3 Blätter Blattspinat

FARCE
200 g Hühnerfilet
1/16 l Obers
2 Eiklar
3 EL Spinat, passiert
Etwas Trüffelöl, Salz, Pfeffer

Für die Farce das Hühnerfilet in Würfel schneiden und für 30 Min. in das Gefrierfach geben. Anschließend mit Obers, Eiklar, Spinat und Trüffelöl im Mixer zu einer feinen Farce verarbeiten, würzen.

„Aufgeblätterten" Kaninchenrücken zusätzlich plattieren, salzen und pfeffern und eine ca. 2 mm dicke Farceschicht auftragen. Kaninchenfilets ebenfalls leicht würzen und in die blanchierten und trocken getupften Spinatblätter einrollen. Kaninchenfilets nun mit den Kaninchenrücken einrollen. In Klarsichtfolie wickeln und kurz anfrieren.

Falls die Tramezzinirollen zu trocken sind zum Einrollen, kurz über Wasserdampf geschmeidig machen. In Länge des Kaninchenrückens zuschneiden und mit Farce bestreichen. Kaninchenrücken aus der Folie nehmen und mit dem Tramezzinimantel umhüllen. Gut festdrücken, damit er sich beim Garen nicht lösen kann. Mantel mit verquirltem Ei bestreichen und in Butterschmalz rundum goldbraun anbraten. Im vorgeheizten Backrohr bei 170° 15 Min. fertig garen. Garprobe: Kerntemperatur 70°.

KANINCHENJUS

Abschnitte und Knochen im Rohr kräftig anrösten. Wurzelwerk (Karotten, Sellerie, Petersilwurzel, Zwiebel und Lauch) in einer Kasserolle mit 2 EL Olivenöl ebenfalls braun rösten. Knochen und Fleisch dazugeben, 1 EL Tomatenmark einrühren. Nach und nach mit je einem halben Liter Suppe und Rotwein aufgießen. Dabei immer wieder einkochen lassen, so erhält der Jus eine schöne dunkle Farbe. Mit 1 Lorbeerblatt, schwarzen Pfefferkörnern, 1–2 Gewürznelken, 1 Knoblauchzehe und frischen Thymianzweigen und Wermut abschmecken. Bei milder Hitze köcheln lassen. Durch ein feines Sieb seihen und auf die Hälfte einreduzieren, dadurch wird der Jus noch intensiver. Wenig bis gar nicht salzen.

PÜREE AUS JUNGEN ERBSEN

600 g Erbsen, tiefgekühlt
200 ml Schlagobers
Salz, Pfeffer, Muskat, etwas Piment
3 EL eiskalte Butter zum Montieren

Schlagobers aufkochen und die Erbsen darin ca. 3 Min. kochen lassen. Würzen und mit dem Stabmixer fein pürieren. Durch ein Sieb streichen. Sollte das Püree zu fest sein, noch etwas Schlagobers oder Gemüsefond dazugeben. Vor dem Servieren eiskalte Butter einarbeiten und verfeinern.

TIPP: Das Erbsenpüree bekommt mit etwas frischer Minze einen außergewöhnlichen Geschmack.
Wenn Sie oder Ihre Gäste Innereien schätzen, so passen zu diesem Gericht auch Kaninchennieren.

MOUSSE VON DER KAROTTE mit Karotten-Crème-brûlée und lauwarmem Karottenkuchen

GRUNDMASSE

400 g mittelgroße Karotten
100 g Läuterzucker
(halb Zucker, halb Wasser)
etwas Zitronensaft

Karotten schälen und klein schneiden. Mit dem Läuterzucker und dem Zitronensaft im Mixer pürieren.

KAROTTENCHIP

Karotte schälen und in ganz dünne Streifen schneiden (geht am besten mit der Aufschnittmaschine). Läuterzucker erwärmen und die Karottenstreifen durchziehen. Auf eine Silikonmatte oder auf ein mit Backtrennpapier ausgelegtes Backblech legen. Bei 70° im Ofen oder unter der Wärmelampe trocknen lassen.

KAROTTEN-CRÈME-BRÛLÉE

200 g Karottengrundmasse
0,3 l Obers
1 Vanilleschote
6 Eigelb
2 cl Drambuie-Likör
(Whiskey-Honig)
2 EL brauner Rohzucker

Obers mit dem Mark der Vanilleschote aufkochen. Karottengrundmasse mit Dotter und Likör gut vermischen und das warme Obers zügig unterrühren. In befettete kleine Auflaufformen gießen und im Wasserbad im vorgeheizten Rohr bei 140° ca. 1 Std. pochieren. Auskühlen lassen. Kalte Creme mit etwas Rohzucker bestreuen und mit einer Lötlampe (Bunsenbrenner) goldbraun abflämmen.

KAROTTENMOUSSE

120 g Eiklar
0,2 l Obers, steif geschlagen
6 Bl. Gelatine
4 cl Drambuie-Likör
200 g Karotten-Grundmasse

Eiklar mit etwas Zucker steif schlagen und mit der Karottengrundmasse vermengen. Geschlagenes Obers unterheben. Drambuie-Likör erwärmen und die eingeweichte und ausgedrückte Gelatine darin auflösen und ebenfalls vorsichtig in das Mousse einrühren. In Gläser füllen und kalt stellen.

LAUWARMER KAROTTENKUCHEN

200 g Karotten
200 g geriebene Mandeln
100 g Mehl
40 g Zucker
50 g Marzipan
4 Eier
Vanillezucker
Prise Salz und Zimt
2 cl Rum, 60 %

Karotten schälen und fein raffeln. Marzipan klein schneiden und mit Dotter, Zucker und den Gewürzen weiß-schaumig schlagen. Nach und nach die Karotten und die Mandeln untermengen. Eiklar zu cremigem Schnee schlagen und gemeinsam mit dem Mehl unterziehen. Kuchenmasse auf ein befettetes und bemehltes Blech streichen und im heißen Backrohr bei 180° ca. 30 Min. backen.
Lauwarm servieren.

TIPP: Kuchen schmeckt auch hervorragend kalt mit Schlagobers serviert.

Apfelblüten – die wissenschaftlichen Frühlingsboten

Wenn man an den Frühling denkt, kommen einem unweigerlich die blühenden Apfelbäume in den Sinn – die weiß-zartrosa Blüten mit dem süßlichen Duft in ihrer betörenden Pracht. Die Natur – was für ein Wunder!
Teilweise blühen Kirschen und Zwetschgen schon früher. Der „Vollfrühling", wie ihn die Experten nennen, beginnt aber erst mit der Apfelblüte. Nicht nur Romantiker, auch Klimaforscher beobachten das jährliche Blühen der Apfelbäume. Es ist ein Indikator für den Klimawandel. Die wunderschönen, filigranen Apfelblüten zieren so manchen Brautstrauß und werden auch gerne zur stimmigen Frühlingsdekoration verwendet.
Von der Steiermark über das Lavanttal bis hin nach Südtirol werden im Frühling die beliebten Apfelblüten-Feste gefeiert.

APFELBLÜTEN-GELEE

300 g Apfelblüten
1/2 l Apfelsaft
1/2 l Wasser
1/4 l Most
1 kg Gelierzucker 1:1
1 TL frischer Ingwer, gerieben
Saft und Schale von
1 Bio-Zitrone
Prise Zimt

Apfelblüten entstielen und waschen, mit Apfelsaft, Wasser und Most aufkochen und 2 Stunden erkalten lassen. Vorgang wiederholen. Abseihen, die Gewürze dazugeben und mit Gelierzucker 4 Min. kochen lassen. Gelierprobe machen.
Frische Blütenblätter in das Gelee geben und nochmals kurz aufkochen lassen. In Gläser abfüllen und gut verschließen. Kühl und dunkel lagern.

TIPP: Viel Freude macht das hausgemachte Apfelblüten-Gelee auch als Geschenk. Dafür das Glas in weißen Organza hüllen und mit Apfelblüten dekorieren.

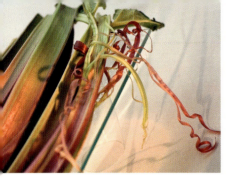

Rhabarber

Rhabarber ist das erste Freilandgemüse im Jahr. Der Rhabarber war schon 2700 v. Chr. in China beheimatet und war ein bewährtes Heilmittel, was auch schriftlich belegt ist. Von China aus verbreitete er sich über Russland bis ins Römische Reich. Der ungewöhnliche Name dürfte wohl auch von dort stammen. Die Römer nannten ihn „rheum barbarum", was so viel bedeutet wie „von den Barbaren". Rhabarber ist reich an Kalium und Kalzium und hat einen besonders hohen Anteil an Vitamin C. Wie alle Frühlingsgewächse entwässert er den Körper und sorgt für einen optimalen Nährstofftransfer vom Blut in die Körperzellen. Der Rhabarber ist zudem auch appetitanregend und durch die Bitter- und Ballaststoffe verdauungsfördernd. Vom Rhabarber sind allerdings nur die Stiele zu genießen. Die Blätter enthalten Oxalsäure. Auch die Stiele können nicht roh genossen werden. Rhabarber sollte immer geschält und gekocht bzw. blanchiert werden.

VARIATION VOM RHABARBER

RHABARBER-SORBET

600 g Rhabarber
150 g Läuterzucker
(halb Wasser, halb Zucker)
50 ml Wodka
50 ml Süßwein
50 ml Feigensirup
Saft einer Bio-Zitrone
rosa Prosecco nach Belieben

Rhabarber schälen, klein schneiden und mit dem Läuterzucker, Zitronensaft und Feigensirup weich kochen (15 Min.). Rhabarber pürieren und durch ein feines Sieb streichen. Wodka und Süßwein dazugeben und gut durchrühren. Masse in eine Sorbetière oder in eine Schüssel geben und frieren lassen. Dabei immer wieder durchrühren. Vor dem Servieren nochmals aufrühren und mit einem Spritzsack in Gläser dressieren. Eventuell mit rosa Prosecco auffüllen und mit einem Rhabarber-Chip garnieren.

GEBACKENER RHABARBER

300 g Rhabarber
2 Eiklar
100 g süße Biskuitbrösel
Prise Zimt und Staubzucker
zum Bestreuen
Butterschmalz zum
Ausbacken

Rhabarber schälen und blanchieren. In 6 cm lange Stücke schneiden und halbieren. Rhabarberstifte durch das Eiweiß ziehen und mit den Biskuitbröseln panieren. Im heißen Butterschmalz goldgelb ausbacken. Mit Zimt und Zucker bestreuen und warm servieren.

RHABARBER-MOUSSE

500 g Rhabarber
100 g Läuterzucker
Zitronensaft, Prise Zimt
6 Bl. Gelatine
2 Dotter
100 g Staubzucker
0,2 l Schlagobers
2 Eiklar

Rhabarber schälen, klein schneiden und mit Läuterzucker, Zitronensaft und Zimt weich kochen. In der Zwischenzeit Gelatine in kaltem Wasser einweichen. Dotter mit Staubzucker cremig aufschlagen. Eiklar und Obers steif schlagen. Gelatine ausdrücken und unter den noch heißen Rhabarber rühren – auskühlen lassen. Dottermasse gemeinsam mit dem Eischnee unter den ausgekühlten Rhabarber rühren und das steif geschlagene Obers vorsichtig unterheben. Mindestens 4 Stunden stocken lassen.

TIPP: Noch mehr Exklusivität erhält diese Dessertvariation mit einem Zuckergitter, das über die Rhabarbermousse gestülpt wird.
Sehr einfach kann man ein Zuckergitter mit Microzucker (erhältlich im guten Fachhandel) herstellen. Dafür wird der Zucker geschmolzen und die Fäden werden über eine Silikonform gezogen. Erkalten lassen und vorsichtig abheben.

RHABARBER-CHIP

Rhabarber schälen und mit der Aufschnittmaschine in ganz dünne Streifen schneiden. Die Streifen durch den Läuterzucker ziehen und auf einer Silikonmatte im Backrohr bei 70° vollkommen trocknen lassen (geht auch unter der Wärmelampe).

Schmetterlinge im Bauch

Mai | Juni

Die Monate Mai und Juni sind wohl für die meisten Menschen die schönste Zeit im Jahr. Jeder freut sich auf sie. Man fühlt sich unbeschwert und hat das Gefühl, man möchte einfach so drauflostanzen. Mit Familie und Freunden die lauen Nächte im Freien genießen! Nun können wir so richtig aus „dem Vollen schöpfen".

„Schmetterlinge im Bauch" – US-Wissenschaftler haben sich dieses Phänomen genauer angesehen. Warum prickelt es gerade im Mai und Juni vermehrt? Warum kribbelt es im Bauch und nicht im Rücken oder in den Händen? Allgemein bekannt ist: Empfindungen schlagen auf den Magen. Wenn wir uns freuen oder verliebt sind, breitet sich häufig ein wohliges Gefühl in der Bauchgegend aus. Wir fühlen uns entspannt. Und dann kommt noch ein ganz wichtiger Punkt dazu – unsere Ernährung. Die Natur liefert uns nun sonnengereifte Lebensmittel, die die Produktion der Endorphine anregen. Zu den aphrodisischen Obst- und Gemüsesorten gehören allen voran Erdbeeren, Spargel und Kirschen.

Kein Wunder also, dass viele verliebte Paare ihre Hochzeit im Mai bzw. Juni feiern möchten. Hochzeit der Gefühle! Verliebt sein im Mai – lassen Sie die Schmetterlinge im Bauch fliegen!

„Allem kann ich widerstehen – nur der Versuchung nicht!"
Oskar Wilde

Mai

Der Monat Mai hat viele Namen – Wonnemonat, Maienmond, Blumenmond, Marienmond oder Weidemonat.

Der Mai wurde nach der Göttin „Maia" benannt. Karl der Große bestimmte im 8. Jahrhundert, dass der fünfte Monat im Jahr als der „Wonnemonat" zu bezeichnen sei. Den Beinamen „Blütenmonat" erhielt er wohl, weil in diese Zeit die Hauptblütezeit der meisten Pflanzen fällt. „Weidemonat" weist darauf hin, dass nun das Vieh auf die Alm getrieben wird – Almauftrieb.

„Liebe macht blind –
aber sie inspiriert die Sinne"

Nach den Überlieferungen kann man sicher sein, dass die wirklich hohen Temperaturen erst nach den Eisheiligen kommen. Auch für diese Zeit gibt es eine Vielzahl an Bauernregeln, und es ist faszinierend, dass auch heute noch sehr viele Menschen daran glauben und sich auch daran halten.

Etwa seit dem 13. Jahrhundert wurde der Mai zu einem Monat vieler Feierlichkeiten (Maifeiern, Maiumzüge, Georgi-Ritte, Tanz in den Mai u. v. m.), und in ländlichen Gegenden ist zum Beispiel das Aufstellen von imposanten Maibäumen bis heute gelebte Tradition.

Der zweite Sonntag im Mai ist allen Müttern gewidmet. Die Mutterliebe – wunderbar zum Ausdruck gebracht im Muttertag.

Juni

Der Juni ist nach dem gregorianischen Kalender der sechste Monat im Jahr. Den Namen bekam er von der römischen Göttin „Juno". Sie ist die Beschützerin der Ehen und auch der Stadt Rom. Im Mittelalter bezeichnete man den Juni als „Brachmonat", weil in der Dreifelderwirtschaft zu dieser Zeit die Bearbeitung der Brache begann. Rosenmonat ist ebenfalls eine sehr geläufige Bezeichnung. Wohl auch deshalb, weil die Rosenblüte im Juni ihren Höhepunkt erreicht. Keine Blume wird von den Poeten öfter besungen als die Rose. Als Königin der Blumen ist sie auch symbolträchtig als Zeichen der Liebe. Seit dem Mittelalter gibt es im Juni überall in Europa Rosenfeste.

„Rosen machen die Menschen fröhlicher … sie sind der Sonnenschein, die Nahrung und die Medizin für die Seele." (Luther Burbank)

Der zweite Sonntag im Juni ist allen Vätern gewidmet. Das ist in unserer Gesellschaft wohl sicher der jüngste Feiertag, wenn auch noch nicht offiziell anerkannt. Der 21. Juni ist Sommerbeginn und zugleich Sonnenwende. Von nun an werden zwar die Tage kürzer und die Nächte länger, aber es beginnt auch die wärmste Zeit des Jahres. Bei den Germanen und Kelten galt die Sonnenwende als hoher Festtag! Auch bei uns werden immer noch traditionelle „Sonnwendfeiern" veranstaltet. Speziell im Mai und Juni werden bei uns die Kirchtage (Dorffeste) gefeiert – auch sie sind eine schöne Möglichkeit zum „Anbandeln".

Volle Kraft

Diese beiden Monate werden nicht umsonst als „Wonnemonate" bezeichnet. Die Natur gibt den Nahrungsmitteln volle Kraft und wirkt als Aphrodisiakum für die „Hochzeit der Gefühle und Aromen".

Obst
Marillen, Erdbeeren, weiße wilde Pfirsiche, Kirschen

Gemüse
Farnsprossen, Kipfler, Kohlrabi, junge Kartoffeln, Jungzwiebeln, Mangold, Mairüben, Rhabarber, Saubohnen, Pak Choi, weißer und grüner Spargel, Spitzkohl, Staudensellerie, Zucchiniblüten, Zuckererbsenschoten, Karfiol, Schnittsalat, Portulak, Friséesalat, Kopfsalat, Löwenzahn, Wiesenchampignons, Eierschwammerln (Pfifferlinge), Morcheln, Kräuterseitlinge

Kräuter
Basilikum, Petergrün, Bohnenkraut, Borretsch, Brunnenkresse, Dill, Estragon, Kapuzinerkresse, Kerbel, Koriander, Liebstöckel, Majoran, alle Arten von Minze (von Gold- bis hin zur Pfefferminze) und Melisse, Pimpinelle, junger Rosmarin, Schnittlauch, Selleriegrün, Thymian, Waldmeister

Jetzt gibt es eine Fülle von essbaren und sehr gesunden

Blüten
Geranie, Holunder, Duftbegonie, Flieder, Linde, Wildrose, Ringelblume, Orange, Sumpfdotterblume, Veilchen, Strauchrose, Vergissmeinnicht, Zucchini und auch noch Apfelblüten der Spätsorten

Fleisch
Spanferkel, Stubenküken, Poularde, Maibock, Reh, Wildschwein

Fisch
Aal, Bachforelle, Gebirgsforelle, Felchen, Lachsforelle, Saibling, Reinanke, Zander

Honig

Das Wissen der Honiggewinnung stammt bereits aus der Bronzezeit. Der Honig war lange Zeit das einzige Mittel zum Süßen von Speisen und Getränken. Die Germanen machten aus ihm auch ihren Met. Der Geschmack von Honig hängt von den Pollen ab, die die Bienen sammeln, weshalb auch verschiedenste Honigsorten erhältlich sind, die alle eines gemeinsam haben – sie sind ein gesundes und sehr wertvolles Lebensmittel.

Der Maihonig zählt zu den wertvollsten Honigsorten. Wenn alles in voller Blüte steht, haben die Bienen natürlich ihr „Festessen".

Honeymoon –
Genuss zum Verlieben

HONIGTRÜFFEL

1/8 l Schlagobers
150 g Honig
1 Bourbon-Vanilleschote
200 g Vollmilch-Kuvertüre
250 g Butter
4 cl Honiglikör
200 g weiße Kuvertüre

Der Honiglikör heißt „Drambuie", ist ein Likör aus schottischem Whiskey und Honig von Highland-Wildkräutern.

Schlagobers mit Honig und dem Mark der Vanilleschote aufkochen. Kuvertüre klein hacken und in der Obers-Honig-Mischung schmelzen. Nochmals kurz aufkochen lassen. Abkühlen. Butter schaumig rühren und die ausgekühlte Schokomasse gemeinsam mit dem Likör unterziehen.
Masse in einen Dressierbeutel füllen und auf ein Backtrennpapier kleine Kugeln spritzen. Mehrere Stunden kühl stellen, die Masse soll fest sein.
Kugeln formen. Weiße Kuvertüre über Wasserdampf schmelzen und die Kugeln darin wälzen. Trocknen lassen und in kleinen Papierkapseln präsentieren – ein Genuss zum Verlieben.

EIS VOM WEISSEN FLIEDER

200 g Kristallzucker
1/4 l Muskateller
6 Dolden vom voll aufgeblühten Flieder (ungespritzt)
1/4 l Sauerrahm
1 Bourbon-Vanilleschote
3 Bl. Gelatine
2 Bio-Zitronen
4 cl Fliedersirup

Zitronenschale fein hacken, Saft auspressen, mit Wein und Zucker aufkochen. Die gereinigten (nur ausschütteln, nicht waschen) Fliederdolden einlegen und über Nacht ziehen lassen. Fliedersud durch ein feines Sieb gießen. Gelatine in kaltem Wasser einweichen, gut ausdrücken und mit etwas Sud erwärmen. Gelatine mit dem Sauerrahm und dem Vanillemark gut verrühren und in den Fliedersud einrühren. Masse in die Eismaschine geben und frieren. Wenn keine Eismaschine vorhanden ist, Masse in eine Metallschüssel geben und mindestens 6 Stunden frieren lassen. Zwischendurch immer wieder aufschlagen.

... Wenn das nicht Liebe ist ...
PISTAZIENWAFFELN
mit marinierten Walderdbeeren

250 g handweiche Butter
200 g Kristallzucker
1 Pk. Vanillezucker
5 Eier
350 g Mehl
1/2 Pk. Backpulver
1/8 l Obers
6 cl Sodawasser
100 g gehackte Pistazien
Salz und Zimt
Saft einer Zitrone
Öl zum Bepinseln
des Waffeleisens

MARINIERTE WALDERDBEEREN
300 g Walderdbeeren
80 g Staubzucker
4 cl Cointreau
1 TL Orangenzesten, eventuell auch Orangenblüten

Walderdbeeren vorsichtig waschen und mit Staubzucker, Cointreau und Orangenzesten marinieren. Mit Klarsichtfolie abdecken und kalt stellen.

PISTAZIENWAFFELN
Butter, Zucker, Vanillezucker, Eier, Prise Salz und Zimt cremig aufschlagen. Zitronensaft einrühren. Mehl und Backpulver sieben und unterrühren und zum Schluss das Schlagobers und das Sodawasser dazugeben. Masse nun 1/2 Std. rasten lassen. Sollte die Masse zu fest werden, noch etwas Sodawasser dazugeben.

Waffeleisen erhitzen und einfetten. Gehackte Pistazien zur Waffelmasse geben und durchrühren. Waffeln goldbraun backen. Mit Fliedereis oder Pistazieneis mit marinierten Walderdbeeren servieren.

PISTAZIENSÜPPCHEN
1/2 l Milch
100 g Pistazien
50 g Zucker
50 g Honig
50 g Marzipan
1/8 l Schlagobers

Milch mit Pistazien, Zucker und Honig aufkochen lassen. Über Nacht abgedeckt und kühl stehen lassen. Abseihen und nochmals mit zerkleinertem Marzipan aufkochen. Schlagobers steif schlagen und in die lauwarme Pistaziensuppe geben. Mit dem Stabmixer aufschlagen und zu den Pistazienwaffeln reichen.

Pistazien

Pistazien werden fälschlicherweise als Nüsse bezeichnet. Sie sind allerdings Steinfrüchte. Geerntet werden Pistazien bereits seit ca. 9000 Jahren. Pistazienbäume können bis zu 170 Jahre alt werden. Ursprünglich in Zentralasien, im Orient und teilweise auch im Mittelmeerraum beheimatet, haben die kleinen grünen Vitaminbomben rasch Europa erobert. Die Pistazienfrüchte ähneln eher Trauben als Nüssen. Sie werden in Büscheln vom Baum abgeschlagen und gerüttelt. So fallen die „Nüsse" heraus. Die erste Schale ist fleischig rötlich bis gelb, dann erst kommt die bekannte harte Schale, und den grünen Kern schützt auch noch eine dünne braune Haut. Dass Pistazien relativ teuer sind, ergibt sich durch die doch sehr aufwendige Ernte.

Pistazien haben auch getrocknet eine kurze Haltbarkeit. Durch den sehr hohen Fettgehalt – allerdings besteht das Fett zu 80 % aus gesunden, ungesättigten Fettsäuren – werden sie schnell „ranzig". Es empfiehlt sich daher eine rasche Verarbeitung. Durch die außergewöhnliche zartgrüne Farbe und den hervorragenden Geschmack werden sie vor allem für Desserts, Bäckereien und Eis verwendet. Allerdings peppen die Pistazien auch alle Salate und Pasteten auf. Da sie durch den hohen Anteil an Vitaminen, Mineralien, Kalium, Magnesium und Kupfer sowie Eisen und Phosphor sehr gesund sind, ist auch der Preis gerechtfertigt.

„Ich liebe Dich, Mama!" – eine süße Ode zum Muttertag

Der Muttertag ist wohl einer der jüngsten Feiertage und wird mittlerweile weltweit gefeiert. In Mitteleuropa und Amerika ist es der zweite Sonntag im Mai. „Erfunden" wurde er 1907 von der Amerikanerin Ann Maria Reeves Jarvis. Sie wollte ihrer Mutter damit ein Denkmal setzen. 1914 verkündete der amerikanische Präsident Woodrow Wilson den Muttertag „als offiziellen Ausdruck für die Liebe und Dankbarkeit, die wir den Müttern unseres Landes entgegenbringen!" als offiziellen Feiertag. Seit den 20er-Jahren wird er auch in Europa offiziell gefeiert.

FLÜSSIGES SCHOKOLADENTÖRTCHEN

200 g dunkle Schokolade (Kochschokolade, 50 % Kakaoanteil)
200 g Butter
3 Eier
4 Dotter
30 g Zucker
100 g Mehl
2 cl Rum

Schokolade und Butter im Wasserbad schmelzen. Eier, Dotter und Zucker über Dampf dick schaumig aufschlagen, vom Dampf nehmen und kalt schlagen. Mit der Schokolade und der flüssigen Butter vermengen und das Mehl vorsichtig unterheben. Mit dem Rum parfümieren. Masse in bebutterte Auflaufformen oder Dariolformen geben und 2–3 Stunden gefrieren lassen. Im vorgeheizten Rohr bei 200° ca. 12 Min. backen. Aus der Form stürzen und sofort servieren. Mit Früchten, Fruchtsaucen und Obers garnieren.

TIPP: ein Dessert für Gäste und eine besondere Überraschung; lässt sich gut vorbereiten und wird „à la minute" (= kurz vor dem Servieren) gebacken.

Schokolade zum Verlieben –
bittersüß von hell bis dunkel

Die vielen Schokoladesorten unterscheiden sich je nach der Zusammensetzung von Kakaobutter, Kakaomasse und Zucker:

Dunkle Schokolade – Kochschokolade, Halbbitter- und Zartbitterschokolade müssen einen Kakaoanteil von 35 bis 55 % aufweisen.

Bitterschokolade darf sich eine Schokolade erst ab einem Kakaoanteil von 60 % nennen.

Edelschokolade besteht zu 40 % aus hochwertigen Edelkakaosorten und schmeckt dadurch besonders aromatisch.

Milchschokolade besteht aus unterschiedlichen Anteilen Kakaomasse (mindestens 25 %), Milchpulver und Zucker, aus Aromastoffen und Kakaobutter. Sie schmilzt schneller als dunkle Schokolade. Daher genügt eine Temperatur von 50°, um sie zu schmelzen. Bei höheren Temperaturen verbrennt sie.

Weiße Schokolade wird aus Kakaobutter, Zucker, Vanilleextrakten und Milchpulver hergestellt.

Erdbeeren

Es ist allgemein bekannt, dass die Erdbeere keine Beere, sondern eine Sammelnussfrucht ist. Eher weniger geläufig ist, dass der größere Teil dieser beliebten Köstlichkeit eigentlich eine „Scheinfrucht" ist, denn die tatsächlichen Früchte sind die kleinen gelben Nüsschen an der Oberfläche.

Die Erdbeere ist eine außergewöhnliche Frucht. Ihr unverwechselbares Aroma setzt sich aus 300 Komponenten zusammen und sie ist enorm wandlungsfähig. In der Küche vorwiegend im süßen Bereich zu finden, ist die Erdbeere aber auch auf Salaten und als Chutney zu hellen Fleischsorten eine interessante Begleitung. Der Ursprung der Erdbeere liegt in Übersee. Die bei uns heute bekannte Sorte „Große Erdbeere" ist eine Kreuzung aus der kleinen amerikanischen Scharlacherdbeere und der sogenannten „Schönen von Chile", die der Franzose Amédée-François Frézier im Jahre 1714 von seiner Amerikareise mitbrachte.

ERDBEER-SINFONIE – Kompositionen des Glücks

ERDBEERSHAKE MIT JOGHURTMOUSSE

160 g Erdbeeren
80 g Kristallzucker
1/4 l Milch
3 EL Schlagobers, steif geschlagen
4 cl Mandelsirup
etwas Zitronensaft

Alle Zutaten in einem hohen Gefäß mit dem Stabmixer fein mixen.

1/4 l Schlagobers
200 g Joghurt
80 g Zucker
etwas Zitronenverbene oder Zitronenmelisse
3 Bl. Gelatine, etwas Zitronensaft

Schlagobers steif schlagen (3 EL für den Erdbeershake entnehmen), Zitronenverbene waschen und in feine Streifen schneiden. Joghurt mit Zucker und der Zitronenverbene vermengen. Gelatine einweichen, ausdrücken, mit Zitronensaft erwärmen, bis sie sich vollständig aufgelöst hat. In die Joghurtmasse einrühren und das steif geschlagene Obers vorsichtig unterheben. Joghurtmousse in einen Dressierbeutel füllen und bis kurz vor dem Servieren kalt stellen. Erdbeershake in gekühlte Gläser füllen und in die Mitte die Joghurtmousse dressieren.
Mit Zitronenverbene und Erdbeeren garnieren.

ERDBEER-SCKOKOLADEN-MILLE-FEUILLE

Für die Schokoblättchen 200 g dunkle Kuvertüre über Dampf schmelzen. Auf einem ausgelegten Backtrennpapier dünn aufstreichen, antrocknen lassen und mit einem Messer Rechtecke schneiden. Vollkommen erhärten lassen. Rechtecke mit einer Palette vom Papier lösen. Pro Erdbeer-Schoko-Schnitte werden drei Blättchen benötigt. Den Rest wieder einschmelzen.

ERDBEERMOUSSE

5 Dotter
100 g Zucker
100 g Erdbeermark (Erdbeeren gemixt)
2 cl Cointreau
250 g Schlagobers, steif geschlagen
4 Bl. Gelatine

Dotter mit Zucker über Dampf sehr cremig aufschlagen. Gelatine einweichen, ausdrücken, in heißem Cointreau auflösen und mit dem Erdbeermark verrühren. Gemeinsam mit dem Schlagobers vorsichtig unter die Dottermasse heben, kalt stellen.

WEISSE SCHOKOLADENMOUSSE

150 g weiße Schokolade
80 g Butter
3 Dotter
20 g Kristallzucker
2 cl Barcardi (weißer Rum)
250 g Schlagobers

Schokolade erwärmen und vorsichtig die Butter darin auflösen und zur Creme aufschlagen. Dotter mit Zucker über Dampf aufschlagen und die Schokoladencreme unterziehen. Mit weißem Rum abschmecken. Steif geschlagenes Obers unterheben und die Mousse kaltstellen.

TIPP: Die weiße Schokolade unterscheidet sich erheblich von der dunklen Sorte. Sie ist wesentlich süßer (man braucht daher weniger Zucker), wird aber nach dem Erwärmen nicht mehr so leicht fest. Deshalb sollte man bei einer weißen Schokomousse entweder 2–3 Blatt Gelatine verwenden oder so wie ich in diesem Fall die Butter unterrühren.

MILLE-FEUILLE ZUSAMMENSETZEN

Je eine Mousse in einen Spritzbeutel füllen und die Schokoblättchen mit Tupfen bedecken. Mit einem weiteren Schokoblättchen bedecken und nun die zweite Mousse gleich auftragen. Wieder mit einem Schokoblättchen belegen. Den Abschluss mit flüssiger Kuvertüre bestreichen und sofort mit Walderbeeren belegen. Die Walderdbeeren haften so auf dem Mille-feuille.

ERDBEER-NOUGAT-TARTE

Mürbteig
150 g glattes Mehl
50 g Mandeln, fein gerieben
100 g Butter
50 g Staubzucker
1 Ei, Prise Salz

Mehl, Mandeln und Butter verbröseln und mit dem Staubzucker und Dotter rasch zu einem glatten Teig verarbeiten. 1/2 Std. kühl ruhen lassen.
Teig dünn ausrollen und zwei kleine oder eine größere Tortenform (leicht befettet) damit auslegen. Der Rand sollte ca. 2 cm hoch sein. Im vorgeheizten Rohr bei 200° goldgelb backen.

TIPP: Tortenboden „blindbacken" = Teig ausrollen, Rand in der Form mit Teig auslegen oder hochziehen und mit trockenen Hülsenfrüchten (Bohnen oder Linsen) auffüllen. Das verhindert, dass der Teig aufgeht oder Blasen wirft.

Nougatcreme
250 g Schlagobers
70 g Nussnougat
70 g Milchschokolade
4 cl Amaretto
4 Bl. Gelatine

Nougat und Milchschokolade im Wasserbad erwärmen, mit 2 cl Amaretto und 3 EL Schlagobers verrühren. Restliches Schlagobers steif schlagen. Gelatine in kaltem Wasser einweichen (mindestens 5 Min.), ausdrücken, mit 2 cl heißem Amaretto auflösen und in die Nougatmasse rasch einrühren. Das steif geschlagene Obers unterrühren.
Ausgekühlten Mürbteigboden mit Nougatmousse bestreichen und kalt stellen. Erdbeeren waschen, halbieren und auf der Nougatmasse aufsetzen. Mit rotem Tortengelee abglänzen oder vollständig gelieren.

WALDERDBEEREN-RAGOUT MIT ERDBEEREIS

250 g Walderdbeeren
80 g Zucker
8 cl Uhudler (junger Wein von der Isabellatraube) oder auch Portwein
8 cl Erdbeersaft

Zucker mit Wein und Erdbeersaft aufkochen lassen und Erdbeeren anschließend darin ziehen lassen.

Erdbeereis
180 g Erdbeeren, püriert
1/4 l Milch
1/8 l Schlagobers
2 Dotter
100 g Kristallzucker
1/4 l Schlagobers, steif geschlagen

Milch mit Obers und dem Zucker aufkochen lassen. Dotter in die heiße Milchmischung kräftig einrühren. Überkühlen lassen und das Erdbeermark einrühren. Steif geschlagenes Obers unterheben und mindestens 6 Stunden gefrieren lassen. Dabei mehrmals durchrühren, damit das Eis cremig wird (wenn keine Eismaschine vorhanden ist).

PIKANTE PAPRIKA-MOZZARELLA-TERRINE
mit marinierter Garnele

1 Zucchini
2 rote Paprika
1 kleine Zwiebel
1/2 l Tomatensaft
6 Bl. Gelatine
1 Knoblauchzehe
Salz, Pfeffer, frischer Majoran
frischer Thymian
200 g Büffelmozzarella

Paprika waschen, vierteln und vom Kerngehäuse lösen. Auf ein Blech legen (mit der Hautseite nach oben), leicht salzen und mit Olivenöl beträufeln. Im Rohr bei 180° backen, bis die Haut sich zu bräunen beginnt. Herausnehmen und mit einem feuchten Tuch abdecken. Nach dem Erkalten die Haut von den Paprikafilets abziehen. Zwiebel fein hacken und in Olivenöl gemeinsam mit dem Knoblauch glasig anrösten, mit Tomatensaft aufgießen, würzen und köcheln lassen. Abseihen und die eingeweichte Gelatine in dem noch heißen Tomatenfond auflösen. Zucchini in Scheiben schneiden und in etwas Olivenöl anbraten – kalt stellen.
Mozzarella in Scheiben schneiden und mit einem runden Ausstecher (Durchmesser ca. 5 cm) zwölf Kreise ausstechen. Von den Paprikafilets ebenfalls zwölf Kreise ausstechen.

Ringformen mit Klarsichtfolie auslegen. Abwechselnd Paprika, Zucchini und Mozzarella übereinanderschichten und mit dem Tomatenfond ausgießen. Für mehrere Stunden im Kühlschrank kalt stellen und durchziehen lassen.

GARNELEN
12 Riesengarnelen
Marinade aus Salz, Pfeffer, 2 Knoblauchzehen (fein gehackt), etwas frischen Koriander, 6 cl Tomatensaft, 1 EL Olivenöl, Zitronenschale (fein gehackt).

Für die Marinade alle Zutaten miteinander vermischen.

Garnelen auslösen, den Darm entfernen, waschen und trocken tupfen. Garnelen in Tomatenmarinade einlegen. Olivenöl in einer Pfanne erhitzen und die marinierten Garnelen beidseitig scharf anbraten. Paprika-Mozzarella-Terrine aus der Form stürzen, Folie abziehen und eventuell durchschneiden. Mit der gebratenen Garnele und dem Salatbouquet anrichten.
Dazu passt hervorragend ein ofenfrisches Sesam-Ciabatta.

Holunder –
eine echte Kulturgeschichte

„Vor dem Holunder zieh den Hut" – diese alte Bauernweisheit hat so ihre berechtigten Gründe.

Der Holunder ist sicherlich eines der ältesten bekannten Gewächse. Archäologische Ausgrabungen belegen, dass es den Holunder bereits im Neolithikum (7. Jt. v. Chr.) gegeben hat. Hippokrates schrieb mehrfach von der positiven Wirkung von Holunder auf den Körper. Der Holunder, im Volksmund auch Holler genannt, gehört zu den Geißblattgewächsen und kann bis zu acht Meter hoch werden. Den Namen hat der Strauch von der germanischen Göttin „Holla", die als Schutzpatronin gegen Krankheiten galt.

Das ganze Jahr über ist der Holunder eine Augenweide: im Frühjahr mit den weißen Blütendolden, die nicht nur schön aussehen, sondern vor allem auch in der süßen Küche ihre Verwendung finden, im Sommer als sattgrüner Schattenspender und im Herbst als Strauch, der übervoll mit wertvollen schwarz-violetten Beeren zum Pflücken einlädt.

Die Blüten gelten wegen des süßlichen und schweißtreibenden Nebeneffekts als Aphrodisiakum. Besonders beliebt sind der bekannte Hollersirup und die gebackenen Holunderstrauben. Die Beeren sind hingegen reich an Vitamin C, Provitamin A und B und enthalten viel Kalium und Magnesium. Auch wenn die Beeren noch so verführerisch von den Ästen leuchten, so sind sie im unreifen Zustand durch die enthaltene Blausäure sogar giftig. Vollreif sind sie roh nicht unbedingt genießbar (können Durchfall verursachen), gekocht dagegen eine wahre Delikatesse und überaus gesund. Verarbeitet zu Marmeladen, Chutneys, Mus und Säften, können wir die Heil- und Geschmacksvielfalt das ganze Jahr über genießen.

HOLUNDER-BALSAMICO und HOLUNDER-OLIVENÖL

HOLUNDER-BALSAMICO
1/2 l weißer Balsamico-Essig
Schale einer Limette
1 EL Honig
1 Sternanis
2–3 Dolden Holunderblüten
1 Rispe Bohnenkraut

Balsamico mit den Limettenzesten und den Gewürzen erhitzen. Gereinigte Holunderblüten abrebeln (ohne Stiele), zum Essig geben und ziehen lassen. In sorgfältig gereinigte Flaschen füllen und mit 1 EL Olivenöl abschließen. Dieser Essig schmeckt wunderbar zu Salaten ist allerdings nicht lange haltbar.

Beide – sowohl Holunder-Essig als auch Holunder-Öl – sind auch ein exklusives Geschenk.

HOLUNDER-OLIVENÖL
*1/2 l natives Olivenöl
(kalt gepresst)
Schale einer Limette
2–3 Dolden von Holunderblüten*

Glasflasche sorgfältig reinigen und trocknen. Öl in einer Kasserolle auf 40° erhitzen und die gereinigten Holunderblüten und die klein geschnittenen Limettenschalen dazugeben. Vom Herd nehmen und einige Stunden ziehen lassen. Öl neuerlich erwärmen und in Flaschen abfüllen, gut verschließen und kühl stellen. Man kann das Öl auch durch ein feines Sieb seihen, es sieht aber mit den Blüten besonders attraktiv aus. Sollte das Öl zum Braten verwendet werden, muss man es abseihen (die Blüten würden zu schnell verbrennen).

TIPP: Das Öl ist sehr schmackhaft, hält aber nicht lange.

LIAISON VON SPARGELTARTE UND RADIESCHEN-VINAIGRETTE

MÜRBTEIG

250 g glattes Mehl
1 TL Backpulver
100 g handweiche Butter
100 g passierter Topfen
1 Ei
50 g geröstete Kerne
(Sonnenblumenkerne,
Kürbiskerne, Sesam)
Salz

Gemischte Kerne (Kürbiskerne eventuell zerkleinern) in einer beschichteten Pfanne ohne Fett rösten. Achtung: Die Kerne werden schnell dunkel und bitter. Aus den Zutaten rasch einen Mürbteig kneten, in Klarsichtfolie wickeln und eine halbe Stunde rasten lassen.

SPARGELBELAG

10 Spargelstangen
3 Eier
200 ml Schlagobers
Salz, weißer Pfeffer, Muskat,
20 g Frischkäse
50 g Gouda, gerieben

Spargel schälen und in Salzwasser mit einem Teelöffel Zucker 5 Min. garen. Anschließend mit Eiswasser abschrecken. Mürbteig dünn ausrollen und die befetteten und leicht bemehlten Tarte-Formen damit auslegen. Die Ränder etwas hochziehen. Mit Dotter bestreichen. Den Spargel in Länge der Formen zurechtschneiden und auf den Teig legen. Eier, Obers, Frischkäse und die Gewürze aufmixen, über den Spargel gießen und mit dem geriebenen Gouda bestreuen. Im vorgeheizten Backofen die Tarte bei 180° ca. 30 Min. backen

SPARGEL-RADIESCHEN-VINAIGRETTE

Die Spargelabschnitte in ganz feine Streifen schneiden. 8 Radieschen ebenfalls in feine Streifen schneiden und mit einer Creme aus 1 EL Dijonsenf, 2 EL weißem Balsamico, Salz, weißem Pfeffer, 1 EL klein geschnittenem Estragon, 1 Eidotter, 2 EL Weißwein und 4 EL Olivenöl (alle Zutaten miteinander aufmixen) marinieren.
Vinaigrette zur warmen Spargeltarte servieren.

SCHMETTERLINGS-HIPPE

100 g Eiklar
100 g glattes Mehl
1 TL Kurkuma
50 g Parmesan
Prise Salz, etwas rotes Paprikapulver für die Ornamente

Aus einem stärkeren Karton oder einer Kunststoffplatte Schmetterling-Schablone ausschneiden. Alle Zutaten miteinander vermischen. Mit Hilfe der Schablone dünne Hippenschicht auf eine Silikonmatte oder Backtrennpapier aufstreichen. Für die Ornamente etwas Hippenmasse mit Paprikapulver einfärben und mit einem Dressiersack (kleinste Tülle) gewünschte Ornamente auf den Schmetterling aufspritzen. Im vorgeheizten Backrohr bei 200° goldgelb backen. Noch warm vom Papier bzw. der Matte lösen und über ein Kanteisen legen, damit der Schmetterling die typische V-Form bekommt. Erkalten lassen und die Spargeltarte damit garnieren.

Spargel

Spargel, lat. „asparagus", bedeutet so viel wie „junger Trieb". Der Spargel ist eigentlich eine mehrjährige Staudenpflanze, die sehr tief in die Erde gesetzt wird. Im Mai/Juni treiben die Sprossen aus, die als Spargel geerntet werden. Der Ursprung dieses köstlichen Sprossengemüses liegt vermutlich in Vorderasien. Wandmalereien und Grabfresken belegen, dass die Ägypter den Spargel schon vor ungefähr 5000 Jahren gekannt haben. Die Griechen verwendeten den wild wachsenden Spargel (der heute noch in Istrien beheimatet ist) als Arzneimittel. Hippokrates von Kos beschrieb die entwässernde und aphrodisische Wirkung. Kultiviert haben den Spargel dann die Römer. Das älteste uns bekannte Spargelrezept stammt von Gavius Apisius (ungefähr 40 n. Chr.). Von den Römern sind uns heute auch noch ausführliche Anleitungen erhalten, wie man Spargel im Garten ziehen kann. In unseren Breiten wurde Mitte des 15. Jahrhunderts der Spargel als Feingemüse entdeckt und ausschließlich in den Klostergärten und auf Fürstenhöfen gezogen. Jahrhundertelang war der Spargel nur der „gehobenen Schicht" vorbehalten. Spargel – biologisch gesehen der Stängelspross der Spargelpflanze (Asparagus officinalis) – gehört zur Familie der Liliengewächse, ebenso wie Zwiebel, Schnittlauch und Lauch. Spargel ist ein äußerst gesundes Gemüse. Mit einem Wassergehalt von 90 % hat er nicht nur wenig Kalorien, sondern auch wertvolle Inhaltsstoffe wie Eiweiß, Kohlehydrate, Kalium, Kalzium, Natrium, Eisen, Provitamin A und natürlich auch die Vitamine B1, B2, B6 und C.

Warum gibt es drei verschiedene Farben von ein und derselben Pflanze?
Weiß: Der Spargel wird geerntet, während er noch unter der Erde ist.
Grün: Sobald die Sonneneinstrahlung auf den Spargel wirkt, bildet er Chlorophyll und wird grün.
Violett: Wenn die Spitze aus der Erde ragt, erhält der Spargel eine violett-grünliche Färbung; der violette Spargel ist vor allem in Frankreich bekannt.

Zärtliche Umarmung von grünem und weißem Spargel

SPARGELMOUSSE im Spargelmantel

200 g grüner Spargel
300 g weißer Spargel
20 g Butter
6 Bl. Gelatine
6 cl Weißwein (Chardonnay)
1/4 l Schlagobers

Grüne Spargelspitzen in einer Länge von ca. 5 cm abschneiden, halbieren und runde Formen (im Fachhandel erhältlich) damit auslegen. Grünen und weißen Spargel gar kochen und den Sud abseihen und beides abkühlen lassen. Spargel separat fein mixen. Etwas Spargelfond mit Weißwein aufkochen lassen und die eingeweichte Gelatine darin auflösen. Schlagobers steif schlagen. Mit dem leicht überkühlten Spargel-Gelatine-Fond vermengen, würzen. Ein Drittel der Masse mit dem grünen Spargelmark vermischen und den Rest mit dem weißen Spargelmark. Eventuell noch etwas nachwürzen. In die ausgelegten Ringe zuerst die grüne und danach die weiße Spargelmousse spritzen. Mindestens 3 Stunden kühlen und stocken lassen.
Mit dem restlichen Spargelfond kann man ein Spargelgelee als Garnitur zubereiten, oder man kann auch den Fond für eine Suppe verwenden.

Sehr gut passt zu dieser Mousse eine

TOMATENVINAIGRETTE
2 Tomaten
Olivenöl, weißer Balsamico
Estragon und Schnittlauch, fein geschnitten
Pinienkerne, Salz, Pfeffer aus der Mühle, Prise Zucker

Für die Vinaigrette Tomaten häuten und die Filets in kleine Würfel schneiden. Pinienkerne in einer beschichteten Pfanne goldgelb anrösten (es können auch Sonnenblumen- oder Kürbiskerne genommen werden), Olivenöl mit Balsamico und einem Spritzer Zitronensaft aufschlagen und die restlichen Zutaten untermengen.

TIPP: ein köstliches Gericht, das gut vorbereitet werden kann!

FORELLENFILET mit Lachsmousse gefüllt auf Kohlrabi-Spaghetti und gegrillter Tomatenpolenta

4 Forellenfilets
1 Zitrone
160 g Lachsfilet
4 Pimpinellestängel
1 EL Vermouth
2 Eiklar
1/8 l Obers
Salz, weißer Pfeffer aus der Mühle
1 TL Dijonsenf

Lachsfilet in kleine Würfel schneiden und 1/2 Stunde in das Gefrierfach geben, anschließend gemeinsam mit dem Obers, Eiklar, Senf und den Pimpinelleblättern im Cutter zu einer feinen Farce verarbeiten, kühl stellen. Forellenfilets waschen, trocken tupfen und die Gräten mit der Fischpinzette entfernen. Salzen, pfeffern und mit Zitronensaft beträufeln. Filets mit Lachsfarce bestreichen und fest einrollen, eventuell mit Küchenspagat binden. In einem Sud aus 1 l Wasser, 1/8 l Weißwein, 2–3 Pfefferkörnern, etwas Salz, 1 Lorbeerblatt und 2 Zitronenscheiben pochieren (für 10 Min.). Eine einfache Methode wäre auch, die Forellenröllchen in Klarsichtfolie zu wickeln, zu verschließen und im Wasserbad zu pochieren.

KOHLRABI-SPAGHETTI

3 St. Kohlrabi
Salz, weißer Pfeffer aus der Mühle
2 EL Butter
4 cl Schlagobers

Kohlrabi waschen und schälen. Mit dem Turning Slicer (Spaghetti-Reibe, im guten Fachhandel erhältlich) Spaghetti schneiden und in Salzwasser bissfest kochen (dauert nur wenige Minuten), abseihen und mit lauwarmem Wasser abschrecken. Butter mit Schlagobers und etwas Wasser aufkochen, würzen und die „Spaghetti" darin schwenken und erhitzen.

GEGRILLTE TOMATENPOLENTA

1/2 l Gemüsebouillon
1/4 l Milch
Salz, etwas Thymian
40 g getrocknete Tomaten
1 EL Butter
50 g Parmesan
Olivenöl zum Grillen

Milch, Gemüsebouillon und Butter aufkochen, würzen und klein gewürfelte Tomaten gemeinsam mit dem Polentagrieß einrühren.
Kurz aufkochen und dann zugedeckt für 5 Min. quellen lassen. Auf ein beöltes Blech streichen und erkalten lassen. In Streifen schneiden, mit Olivenöl bepinseln und am Grill oder in einer beschichteten heißen Pfanne kurz grillen.
Polentastreifen in der Mitte des Tellers anrichten, Kohlrabi-Spaghetti mit einer Fleischgabel oder Spaghetti-Zange aufrollen, auf die Polenta geben und zum Schluss obenauf das Forellenröllchen platzieren. Einen guten Showeffekt können Sie erzielen, wenn Sie die Forelle direkt vor dem Gast räuchern. Dafür benötigen Sie eine kleine Cloche, ein Aladin-Räuchergerät und Buchen-Räuchermehl.

TÊTE-À-TÊTE ZWISCHEN TAFELSPITZ UND LIEBSTÖCKEL
mit Tafelspitz-Crostini

LIEBSTÖCKELSCHAUMSUPPE

50 g Jungzwiebeln
1 EL Olivenöl, Prise Zucker
50 g Lauch
100 g Liebstöckel (Blätter und Stiele)
50 g Blattspinat, blanchiert
1 l Rindsuppe
1/8 l Weißwein, nicht zu trocken
1/4 l Schlagobers
2 cl Madeira

Zwiebeln und Lauch fein nudelig schneiden und in heißem Olivenöl glasig rösten, kurz mit Zucker karamellisieren. Mit Suppe, Wein und Schlagobers aufgießen und ½ Std. köcheln lassen. Liebstöckel und Blattspinat grob schneiden und in die Suppe geben. Mit dem Stabmixer kräftig mixen und durch ein feines Sieb gießen. Eventuell nochmals mit 3 EL Crème fraîche aufmixen und schäumen. Mit Madeira abschmecken und mit den Tafelspitz-Crostini servieren.

TAFELSPITZ-CROSTINI

4 ganz dünne Scheiben Schwarzbrot
200 g Kalbstafelspitz oder Kalbsfilet
30 g Jungzwiebeln
30 g Essiggurken
1 EL Ketchup, Salz, Prise Zucker
Prise Chili, Pfeffer, Prise Kardamom

Schwarzbrot mit der Aufschnittmaschine in ganz dünne Scheiben schneiden, entrinden und in 3 cm breite Streifen schneiden. In heißem Fett frittieren und abtropfen lassen.
Kalbstafelspitz fein hacken (besser als faschieren), Jungzwiebeln fein hacken und mit etwas Olivenöl anschwitzen. Zwiebeln gemeinsam mit den klein geschnittenen Essiggurken, den Gewürzen und dem Fleisch vermengen. Tatar auf den frittierten Brotstreifen anrichten und mit Schnittlauch und Schnittlauchblüten ausgarnieren.

Liebstöckel

Das Liebstöckel wurde schon in der Antike als Heil- und Gewürzpflanze kultiviert. Aufgrund seines intensiven Geschmacks gehört es vor allem zu den klassischen Suppengewürzen und ist daher im Volksmund auch als sogenanntes „Maggikraut" bekannt. Liebstöckel hat eine harntreibende, appetitanregende und verdauungsfördernde Wirkung. Die Tatsache, dass ihm auch aphrodisische Wirkung nachgesagt wird, hat ihm wohl den Namen „Luststock" eingebracht. An idealen Standorten (sehr sonnig und humusreich) kann das Liebstöckel bis zu zwei Meter hoch werden.
Unter Karl dem Großen wurde die Gewürzpflanze äußerst populär, da er ihren Anbau förderte. Erwähnenswert sind auch noch die Vorteile für die Diätküche und die gesunde Küche. Mit der Verwendung von Liebstöckel kann man den Salzverbrauch stark reduzieren. Selbst die Samen kann man zum Würzen verwenden. Hierbei sollte man allerdings sehr sparsam damit umgehen, weil sie noch intensiver im Geschmack sind als die Blätter.

SCHMETTERLINGE IM BAUCH

Frühlingsmorchel

Die Frühlingsmorchel gehört zur Gattung der Schlauchpilze. Sie ist wohl einer der edelsten und begehrtesten Speisepilze. Kein Wunder, ist sie doch ein direkter Verwandter der Trüffel. Die Morchel hat einen ovalen, wabenförmigen, grau-gelblichen bis braunen Hut, der innen hohl ist, und sie riecht sehr angenehm. Sie ist allerdings kein Waldpilz, sondern man findet sie auf Berg- und Streuobstwiesen, und das vorwiegend auf Kalk- und Lehmböden. Die Frühlingsmorchel gibt es mittlerweile sehr selten. In manchen Gegenden steht sie bereits unter Naturschutz.

Was ist eigentlich ein Stubenküken?

Als Stubenküken bezeichnet man junge Hühner bis zu einem Gewicht von 500 g (im Idealfall haben sie so um die 300 g) und nicht älter als zwei Monate. Ursprünglich kam diese Spezialität aus Frankreich („poussin") und aus Norddeutschland, wo die jungen Küken im Wohnbereich aufgezogen wurden. Durch wenig Bewegung und viel Futter sind sie schnell „schlachtreif".

RENDEZVOUS VOM STUBENKÜKEN
mit gefüllten Heurigen und Frühlingsmorcheln

2 Stubenküken
1 Zwiebel
80 g Karotten
80 g Sellerie
80 g Lauch
2 cl Pernod
1/8 l Zweigelt
1/4 l Gemüsefond
5 EL Olivenöl
Salz, Pfeffer
2–3 Blätter frischer Salbei
Thymianzweig

Keulen und Brust auslösen (Haut dabeilassen). Den Rest vom Küken klein hacken und für den Jus verwenden.

2 EL Öl in der Kasserolle erhitzen und das „Hühnerklein" gemeinsam mit dem Wurzelwerk kräftig anrösten. Mit Pernod ablöschen und mit Gemüsefond und Zweigelt aufkochen lassen. Würzen und 1 Stunde auf kleiner Flamme zugedeckt köcheln lassen. Eventuell immer wieder etwas Suppe zugießen.

Sauce durch ein feines Sieb gießen und etwas einkochen.

Keulen am Gelenk durchschneiden, salzen, pfeffern und in heißem Fett rundum anbraten. Keulen in die Sauce geben und ca. 15 Min. auf kleiner Flamme dünsten lassen.

Kükenbrüstchen ebenfalls salzen und pfeffern. In einer Pfanne mit 2 EL heißem Olivenöl gemeinsam mit dem Thymianzweig und den Salbeiblättern beidseitig scharf anbraten. Im vorgeheizten Ofen bei 80° ca. 10 Min. nachziehen lassen. Keulen aus der Sauce nehmen und im Rohr warm halten. Sauce eventuell mit etwas Stärke binden.

GEFÜLLTE HEURIGE (KARTOFFELN)

4 mittelgroße, festkochende Frühkartoffeln
2 EL Sauerrahm
1 EL Butter
4 cl Schlagobers
Salz, Schnittlauchröllchen

Kartoffeln waschen, eventuell bürsten und in Salzwasser mit einem Zweig Thymian weich kochen. Noch heiß der Länge nach durchschneiden (nicht schälen) und mit einem Löffel aushöhlen. Das Ausgehöhlte mit den restlichen Zutaten zu einem Püree verarbeiten und mit Hilfe eines Dressiersacks wieder in die Kartoffel spritzen. Mit Schnittlauch bestreuen. Im Rohr bei 80° warm halten, bis das Stubenküken fertig ist.

FRÜHLINGS-MORCHELN

12 größere Frühlingsmorcheln
1 Frühlingszwiebel
1 EL Butterschmalz

Butterschmalz erhitzen, klein geschnittene Frühlingszwiebel und die gereinigten Morcheln darin anrösten, mit der Sauce vom Stubenküken aufgießen und kurz köcheln lassen.

TIPP: Sollten keine frischen Morcheln vorhanden sein, kann man auch auf getrocknete Ware zurückgreifen. Getrocknete Morcheln mehrere Stunden einweichen und wie frische weiterverarbeiten. Morchelwasser nicht wegschütten, sondern zum Aufgießen der Sauce verwenden.

GEROLLTE MAIBOCKSCHULTER
mit Sellerie-Lasagne und Kirschknödel

1 Rehschulter
Maibock-Gewürz
je 5 Wacholderbeeren,
Pfefferkörner
Kardamomkapseln
Korianderkörner
1 EL Senf
grobes Salz
50 g Butterschmalz
2 Zwiebeln
500 g Wurzelwerk
(Lauch, Sellerie
Karotten, Petersil-
wurzeln)
2 Knoblauchzehen
1 EL Tomatenmark
100 g Räucherspeck
(Hamburger)
1/2 l dunkles Bier (wenn
möglich Maibockbier)
1/8 l Orangensaft
Gemüsebouillon
2 EL Kirschen- oder
Weichselgelee

Zuerst die Kardamomkapseln aufbrechen und die Körner gemeinsam mit den Koriander- und Pfefferkörnern sowie den Wacholderbeeren im Mörser zerstoßen (geht auch im Mixer) und mit Senf und Salz zu einer Paste vermengen. Das aufgelöste und aufgeschnittene (eventuell plattierte) Fleisch damit einreiben. Etwas rasten lassen, zusammenrollen und mit einem Spagat fixieren. Rehschulter in heißem Fett rundum anbraten. Im Bratenrückstand das klein geschnittene Wurzelwerk, Speckstreifen, gehackten Knoblauch und Zwiebel anrösten. Tomatenmark dazugeben und weiterrösten, bis eine schöne braune Farbe entsteht. Mit Bier ablöschen. Das Fleisch dazugeben und mit Orangensaft und Bouillon aufgießen, ca. 1 Std. auf kleiner Flamme köcheln lassen. Fleisch herausnehmen und im Rohr warm stellen (70°).
Sauce durch ein feines Sieb gießen, auf die Hälfte einkochen lassen (reduzieren) und zum Schluss mit Kirschen- bzw. Weichselgelee abrunden.

WICHTIG: zum Fleisch den Rehjus reichen.

Eigentlich ist es allgemeine Meinung, dass Wild nur in der kalten Jahreszeit auf dem Speiseplan stehen soll. Aber gerade im Mai schmeckt das Reh besonders fein. Es hat frische Zweige und feinste Kräuter als Nahrung. Das wirkt sich natürlich auch auf die Fleischqualität aus.

SELLERIE-LASAGNE

1 große Sellerieknolle
8 cl Schlagobers
Salz, weißer Pfeffer aus der Mühle, Muskatnuss

Sellerie in der Hälfte durchschneiden. Eine Seite zuputzen und dünne Scheiben abschneiden. Aus diesen mit einem Ausstecher kleine Kreise ausstechen. Sellerieblättchen in Salzwasser blanchieren, abtropfen lassen. Den restlichen geschälten Sellerie in Würfel schneiden und im gleichen Fond weich kochen. Ungeschälte Hälfte mit der Schnittseite nach unten auf beöltes Backblech geben und im Rohr bei 160° weich backen.
Sellerie ausschaben und gemeinsam mit den gekochten Selleriewürfeln im Mixer pürieren. Selleriepüree mit Schlagobers (wenn zu fest, noch etwas Milch dazugeben) und den Gewürzen verfeinern. Sellerieblättchen mit etwas Butterwasser (1/8 l Wasser, 2 EL Butter aufkochen) erwärmen und mit dem Püree zu einer Lasagne zusammensetzen.

KIRSCHKNÖDEL

2 altbackene Semmeln
2 Eier
80 g Butter
100 g Semmelbrösel
Salz, Pfeffer, Muskat
Herzkirschen, entkernt

Semmeln in Wasser einweichen, gut ausdrücken und durch die „Flotte Lotte" passieren. Handwarme Butter mit den Gewürzen und den Eiern aufschlagen, mit den passierten Semmeln zu einer homogenen Masse verarbeiten. Semmelbrösel unterheben. Masse 1/4 Std. im Kühlschrank ruhen lassen. Sollte die Masse zu weich sein, noch etwas Semmelbrösel dazugeben. Herzkirschen waschen, entsteinen und mit der Bröselmasse umgeben. Kleine Knödel formen und im wallenden Salzwasser ca. 10 Min. ziehen lassen.

TIPP: Als Garnitur für dieses Gericht empfehle ich blanchierten Stangensellerie.

So passend für den
Rosenmonat Juni

FLIRT MIT ROSEN UND HERZKIRSCHEN

*2 Handvoll Rosenblätter
(stark duftende Sorte)
8 cl Kirschwasser*

*4 Bl. Gelatine
1 Bourbon-Vanilleschote
1/2 l Milch
4 Dotter
100 g Zucker
6 cl Rosenwasser
1/2 l Schlagobers
kandierte
Rosenblüten*

*500 g Herzkirschen
100 g Rohzucker
6 cl Kirschwasser
2 EL Maizena*

Rosenblätter waschen und mit 0,2 l Wasser mehrmals aufkochen lassen. Auf die Hälfte einreduzieren. Auskühlen lassen und abseihen. Sud mit Kirschwasser mischen.
Milch mit dem Mark der Vanilleschote aufkochen. Dotter mit Zucker über Dampf schaumig schlagen und mit der sehr warmen Vanillemilch vermengen – es soll eine sämige Masse entstehen. Eingeweichte Gelatine in der warmen Milch auflösen. Rosenwasser dazugeben und stark aufschlagen. Im kalten Wasser-

bad unter ständigem Rühren abkühlen lassen.
Sobald die Masse leicht zu stocken beginnt, das geschlagene Obers vorsichtig unterheben. Mousse in Gläser portionieren und mindestens 2 Stunden kalt stellen.

Kirschen waschen und entsteinen (Kerne nicht wegwerfen!!)
Rohzucker im Topf leicht karamellisieren und die Kirschen dazugeben. Kurz aufkochen lassen. Kirschwasser mit Maizena verrühren und das Kirschragout damit binden. Nochmals aufkochen lassen, damit eine klare Masse entsteht.

Mousse eventuell mit kandierten Rosenblättern garnieren und mit den gelierten Kirschen (wunderbar auch warm) servieren.

Was tun mit den Kirschkernen?

Früher spielten vor allem die Kinder „Kirschkern-Weitspucken". Kaum zu glauben, woher dieses „Spiel" stammt: Im Mittelalter haben die sogenannten „hohen Herren" nämlich ihre Gefolgsleute als Zeichen geringer Wertschätzung mit Kirschkernen bespuckt.
Das und einiges mehr dürfte wohl Adolph Freiherrn Knigge derart gestört haben, dass er sich veranlasst sah, die berühmte Abhandlung „Über den Umgang mit Menschen" zu schreiben. 1788 erschien dieses Werk, das heute noch als der „Knigge" bekannt ist.
Kirschkerne sind aber tatsächlich zu schade zum Wegwerfen oder Ausspucken. Aus ihnen kann man ganz leicht Kirschkernsackerln herstellen. Ein altes und sehr bewährtes Hausmittel. In Reformhäusern gibt es diese Sackerln auch zu kaufen.

Kirschkernsackerl

Kirschkerne waschen und die Fruchtfleischreste abbürsten. Im Wasser auskochen und an der Sonne trocknen lassen. Trockene Kirschkerne in ein Leinensackerl geben und zunähen oder mit einem Band verschließen.
Die Verwendung von Kirschkernsackerln ist ein uraltes Hausmittel, denn sie gelten seit jeher als ideale Wärme- und auch Kältespeicher. Im Ofen (oder in der Mikrowelle) erwärmt, helfen sie gegen Erkältungen, Gelenkschmerzen und Koliken. Im Gefrierfach gekühlt, verwendet man sie bei Verstauchungen, Schwellungen und Entzündungen.

ÜBRIGENS: Dass Kirschen zu den Rosengewächsen gehören, ist eher unbekannt. Die Kirsche kommt aus Asien. Speziell in Japan gibt es für diese Frucht und ihre bezaubernden Blüten eigene Feste. Dass die Kirsche nun auch schon seit Jahrhunderten in Europa heimisch ist, haben wir wie so oft den Römern zu verdanken.
Kirschen sollten immer mit dem Stiel geerntet werden, denn dadurch halten sie länger.

SCHMETTERLINGE IM BAUCH

Sommernachtstraum
Juli | August

„Die im Wachen träumen, haben Kenntnis von tausend Dingen, die jenen entgehen, die nur im Schlaf träumen."
Wols (Wolfgang Schulze, 1913–1951)

JULI

Den Namen hat der siebente Monat im Jahr vom römischen Kaiser Julius Cäsar. Aber auch überlieferte Namen aus dem Althochdeutschen finden heute noch vor allem im ländlichen Bereich Verwendung. So wird der Juli auch Heumond, Heuet (Zeit der Heuernte), Bärenmonat und Honigmonat genannt, was auf den direkten Zusammenhang mit der Erntezeit verweist. Der Name „Julai" sollte wohl eher dazu dienen, die sprachliche Verwechslung mit dem Juni zu vermeiden. Nach dem gregorianischen Kalender hat der Juli 31 Tage.

AUGUST

Auch hier ist ein römischer Kaiser der Namensgeber: Kaiser Augustus Octavian. Im Mittelhochdeutschen sprach man vom Augustmond, Ernting oder Ährenmonat. Im achten Monat des Jahres sind die meisten Beeren und Kräuter ausgereift – der ideale Zeitpunkt zum Sammeln und Trocknen. Damit die Kräuter ihre volle Wirkkraft und Magie entfalten, werden bis in die heutige Zeit spezielle Kräuterweihen abgehalten. Dieser Brauch stammt aber ursprünglich von den Kelten. Diese feierten Anfang August das „Lammasfest", auch „Brotfest" genannt. „Lammas" war die Getreidegöttin und Schutzpatronin der Landwirtschaft. Einer Überlieferung zufolge bestimmte Augustus Octavian, dass der nach ihm benannte Monat gleich viele Tage haben musste wie der Monat von Julius Cäsar – also 31.

Der Sommer muss gefeiert werden – denn er ist viel zu kurz

Schon aus Kindheitstagen ist uns in Erinnerung geblieben, dass die Sommerferien viel zu schnell vergehen. Sommer – es ist, als würde die Zeit Pause machen – in den Gastgärten, Parks auf vielen Plätzen in den Städten. Die Menschen verhalten sich anders – fröhlicher und ungezwungener. Das alles hat mit dem Sonnenlicht zu tun. Sonnenlicht hilft uns, Serotonin, das Glückshormon, aufzubauen. Man könnte fast sagen: „Glücksgefühle aus heiterem Himmel".

Die Leichtigkeit des Seins – Leben im Sommer

In der „heißen" Jahreszeit braucht unser Körper eine andere Ernährung als in den kühlen und kalten Monaten. Wir haben jetzt einen höheren Bedarf an Flüssigkeit, Mineralien, Vitaminen, Vitalstoffen und Spurenelementen. Die Natur bietet uns nun eine schier unerschöpfliche Fülle an leichten, sonnengereiften und gesunden Lebens- und Genussmitteln. Die meisten davon haben einen besonders hohen Wassergehalt und kühlen dadurch den Körper von innen.

Blüten: Borretsch, Duftbegonie, Goldmelisse, Kapuzinerkresse, Knoblauch, Kornblume, Lavendel, Mohn, Ringelblume, Rose, Salbei, Wildrose, Senfblüten

Obst: Brombeeren, Granatäpfel, Schwarzbeeren, Himbeeren, Johannisbeeren, Marillen, Melonen, Ringlotten, Pfirsiche, Nektarinen, Weichseln, Stachelbeeren

Gemüse: Auberginen, Bohnen, Karfiol, Brokkoli, Erbsen, Fenchel, Gurken, Kaiserschoten, Kartoffeln, Knollensellerie, Mangold und Spinat, Paprika, Rettich, Tomaten, Zucchini, Zwiebeln, Eichblattsalate, Endivie, Frisée, Kopfsalat, Eisbergsalat, Portulak, Radicchio

Kräuter: Jetzt gibt es alle Kräuter mit vollen Wirkstoffen und Aromen. Zusätzlich ist nun auch die Ernte des Lavendels angesagt. Auch alle essbaren Blüten gibt es nun in Hülle und Fülle.

Fische: Aal, Bachforelle, Reinanke, Zander

Fleisch: Jetzt im Sommer ist fast alles möglich. Genießen Sie die Grillzeit im Freien.

Wild: Gämse, Hirsch, Mufflon und Wildgans

Pilze: Butterpilz, Eierschwammerl (Pfifferling), Herrenpilz, Sommertrüffel, Steinpilz

Schwarze Nüsse

Diese ganz besondere und sehr rare Spezialität kann man jetzt selbst herstellen. Sie ist auch ein außergewöhnliches Geschenk aus der eigenen Küche:
Die Walnüsse sind noch grün und innen noch nicht verholzt. Damit sie die Bitterstoffe ausscheiden, müssen die Nüsse nach der Ernte mehrmals mit einem Spieß angestochen und in kaltem Wasser ausgewässert werden. Das Wasser sollte täglich gewechselt werden (so lange, bis es keine Verfärbung mehr zeigt). Nach etwa einer Woche die Nüsse in angesetztem Läuterzucker mit Zimt, Orangensaft, Orangenschale und einer Zitrone aufkochen lassen. Diesen Vorgang noch zwei- bis dreimal wiederholen, bis die Nüsse weich und auch innen vollkommen schwarz sind. Danach werden sie in Gläser gefüllt und über Dampf bzw. im Convectomaten konserviert. Kühl und dunkel lagern.

... So schmeckt der Sommer ...
"Einladung zum Sommerfest"

Sommerzeit ist Kräuterzeit. Ich möchte Ihnen einige Kräuter vorstellen, die für die Sommerküche unverzichtbar sind. Allerorts beliebt und geschätzt, so ist doch die Geschichte und Herkunft der Kräuter relativ unbekannt.

Estragon:
Der Name kommt vom lateinische "draco" und bedeutet so viel wie Drache oder Schlange – sicher wegen des verzweigten Wurzelstocks. Früher war man auch der Meinung, Estragon helfe gegen Schlangenbisse. Ursprünglich stammte das Kraut aus Steppengebieten Südrusslands. Die Kreuzritter brachten dann den Estragon nach Europa. In der französischen Küche sehr beliebt, wird er bei uns als Estragonsenf und Estragonessig geschätzt. Estragon passt sehr gut zu Salaten, Saucen, Krustentieren und Gemüse.

Majoran:
Majoran gehört zu den Lippenblütlern. Die Ursprungsgebiete sind vermutlich Indien und das östliche Mittelmeergebiet. Durch den leicht bittersüßen Geschmack ist der Majoran vor allem aus der Sommerküche nicht wegzudenken. Bei den Griechen und Römern galt das beliebte Gewürzkraut als Glückssymbol. Speziell bei Hochzeiten wurden gerne Majorankränze verschenkt.

Thymian: Die Griechen hatten schon immer zu den Kräutern ein besonderes Verhältnis. Sie widmeten die Heilkräuter immer einem ihrer Götter. Thymian wird vom griechischen „thymos" abgeleitet und bedeutet Mut und Kraft. Thymian hat tatsächlich eine kräftigende und stimulierende Wirkung. Wie auch den Majoran brachten ihn im Mittelalter die Mönche des Benediktinerordens in die nördlicheren Regionen Europas.

Rosmarin: Der wild wachsende Rosmarin stammt aus dem Mittelmeerraum. Die Griechen und Römer widmeten ihn der Göttin Aphrodite, der Göttin der Liebe. Im südlichen Europa wird noch heute einem Brautpaar ein Rosmarinstrauch geschenkt. Gedeiht er, so bedeutet das Liebe und Treue. Während der Pestzeit wurde Rosmarin in den Räumen zur Luftreinigung verbrannt. Der Rosmarin ist nicht nur ein hervorragendes Würzkraut, er ist auch ein altbewährtes Heilkraut gegen Erschöpfungszustände und zudem noch ein Symbol für Verlässlichkeit.

Basilikum: Schon vor rund 4000 Jahren wurde Basilikum in Indien angebaut. Die Menschen glaubten daran, dass Basilikum aufgrund des intensiven und angenehmen Geruchs ein göttliches Gewächs sei, und es galt als Mittel gegen Depressionen. Tatsächlich übt dieser Lippenblütler eine positive Wirkung auf das Nervensystem aus und hat zudem eine wohltuende Wirkung bei Magenproblemen. Die ätherischen Öle werden bei den Lippenblütlern erst durch Berührung richtig freigesetzt. Deshalb schmeckt gehacktes oder geriebenes Basilikum immer intensiver.
Heute ist Basilikum aus der mediterranen Küche nicht mehr wegzudenken.

Oregano: Der Oregano ist auch unter dem Namen „Wilder Majoran" bekannt. Auch diese Pflanze stammt aus dem Mittelmeerraum, und obwohl sie am besten in trockenem und warmem Klima gedeiht, hat sie mittlerweile einen Fixplatz in den Gärten ganz Europas. Hauptsächlich für mediterrane Gerichte verwendet, wäre etwa auch eine Kartoffelsuppe ohne Oregano undenkbar. Im Mittelalter nannte man den Oregano auch „Wohlgemut". Mit ihm wurden böse Geister und schlechte Laune vertrieben. Sicher ist, dass die ätherischen Öle (allen voran Thymol) krampflösend und schmerzlindernd wirken.

Petersilie: Die Petersilie gehört zur Gruppe der Doldenblütler. Ursprünglich im südlichen Mittelmeerraum beheimatet, wird heute die Petersilie weltweit angebaut. Sie ist eine mehrjährige Würzpflanze, die sehr vielseitig einsetzbar ist und auch in der Naturheilkunde verwendet wird. Grundsätzlich unterscheidet man zwischen Wurzelpetersilie und Blattpetersilie. Immer beliebter wird sie auch als Würzöl und als Pesto.

Verbene: Sie schmeckt frisch und fruchtig und sehr fein zitronig. Früher wurde die Verbene hauptsächlich getrocknet und in den Wintermonaten als Tee getrunken. Sie hat eine beruhigende Wirkung und wird auch in der Naturmedizin als „Gute-Nacht-Tee" empfohlen. Dass die Verbene in Vergessenheit geraten ist, ist nur durch die steigende Popularität der verschiedenen Minzearten erklärbar, die ihren Platz eingenommen haben.

Melisse: Ein Gewürzkraut voll Mythos und Magie. Die Araber brachten es nach Spanien, Mönche verbreiteten es dann in ganz Europa. Sie verwendeten die Melisse gegen fast jede Krankheit. Auch Hildegard von Bingen empfahl die Melisse bei Herzbeschwerden. Tatsächlich ist ihre beruhigende Wirkung auf das Nervensystem und der positive Effekt bei rheumatischen Erkrankungen erwiesen. Melisse ist eine mehrjährige Pflanze, die sich sehr schnell ausbreitet. Die getrockneten Blätter werden als Tee in der kalten Jahreszeit und auch als beruhigende Kissenfülle verwendet. Heute kennt man an die 80 verschiedene Melissensorten.

ZITRONENVERBENE-EISCREME

100 g Zucker
8 cl Wasser
3 Limette
2 Eiklar
4 Eidotter
1 Prise Salz
1/4 l Schlagobers
Zitronenverbene-Blätter

Limetten waschen, Schale vorsichtig abschneiden (ohne weiße Haut) und in ganz dünne Streifen schneiden. Saft auspressen. Zucker mit Wasser und Limettensaft aufkochen. Die Limettenzesten dazugeben und auskühlen lassen.

Eiklar mit einer Prise Salz zu sehr steifem Schnee schlagen. Schlagobers ebenfalls steif schlagen.

Dotter in den Zuckersirup einrühren. Danach abwechselnd den Eischnee und das Schlagobers unterziehen. Die gewaschenen und fein geschnittenen Zitronenverbene-Blätter unterheben.

Eismasse in der Eismaschine gefrieren lassen. Wenn keine Eismaschine vorhanden ist, sollte das Eis im Gefrierfach mehrmals mit einem Schneebesen aufgeschlagen werden, damit es nicht zu hart wird.

Zitronenverbene

Die Zitronenverbene, auch Eisenkraut genannt, ist eigentlich ein mehrjähriger Strauch (leider nicht winterhart). Sie stammt ursprünglich aus dem südamerikanischen Raum und besitzt ein stärkeres Zitronenaroma als der Zitronenbaum selbst. Die Zitronenverbene wurde früher gerne als „Raumbedufter" und als Glücksbringer verwendet. Später erkannte man, dass die wertvollen Blätter der Verbene hervorragend für Tees und als Badezusatz verwendet werden können. Lange Zeit wurde die Verbene von den verschiedenen Minzesorten mehr oder weniger verdrängt (wohl auch deshalb, weil die Minze winterhart ist und von selbst im Frühjahr wieder austreibt).

Verwenden Sie das feine und zarte Zitronenaroma in der Küche zum Verfeinern von Suppen, Saucen und Süßspeisen. Egal ob aus frischen oder getrockneten Blättern – die Zitronenverbene ergibt einen erfrischenden und gleichzeitig entspannenden Tee. Früchte- und Blumen-Potpourris oder Kräuterkissen können ebenfalls mit dem zitronigen Duft aufgewertet werden.

Zeit für einen Ölwechsel

Sommerzeit – ist Salatzeit, Grillzeit. Trotz der hohen Temperaturen steigt der Ölverbrauch. Diesmal allerdings in der Küche.

Öl und Fett sind nicht nur Geschmacksträger, sondern das „flüssige Gold" hat auch viele wertvolle Inhalts- und Botenstoffe. Es ist also an der Zeit, einmal über einen „Ölwechsel" nachzudenken. Gerade auch deshalb, weil Öl mittlerweile nicht nur zum Braten, Backen oder Frittieren verwendet wird, sondern weil sich hochwertiges Öl auch besonders gut zum Verfeinern, Finalisieren und Aromatisieren der leichten Sommerküche eignet.

Gute kalt gepresste Öle sind reich an Vitamin E, ungesättigten Fettsäuren und Antioxidantien. Einige dieser lebensnotwendigen Energiespender können von unserem Körper nicht selbst produziert werden und müssen deshalb durch die Nahrung aufgenommen werden. Öl ist also ein Multitalent und unglaublich wandlungsfähig.

SONNENBLUMENÖL ist sicherlich eines der meistverwendeten Öle. Sonnenblumenfelder sind relativ leicht zu bewirtschaften und bringen eine gute Ernte. Das Öl wird aus den Kernen der Sonnenblume gewonnen, ist geschmacksneutral und reich an zweifach ungesättigter Linolsäure.
MAISKEIMÖL, ebenfalls ein äußerst beliebtes Speiseöl, besticht durch seinen neutralen Geschmack. Es hat den höchsten Anteil an ungesättigten Fettsäuren (bis zu 85 %). Deshalb sollte das Maiskeimöl nur für kalte Speisen verwendet werden (Salate usw.), weil diese wertvollen Inhaltsstoffe durch starkes Erhitzen meist verloren gehen.
RAPSÖL gehört ebenfalls zu den gesündesten Ölen und hat einen interessanten nussigen Geschmack. Leuchtend gelb – wie das Rapsfeld selbst –, eignet es sich besonders als Würzöl.

DISTELÖL und SESAMÖL haben einen hohen Anteil an Vitamin E und Lecithin und fördern deshalb auch die Gedächtnisleistung. Sie eignen sich durch den hohen Anteil an einfach ungesättigten Fettsäuren sehr gut als „Kochfette".

OLIVENÖL ist aus der mediterranen Küche nicht wegzudenken. Das beste ist sicherlich das kalt gepresste Öl aus der ersten Pressung, „extra vergine" (Jungfernöl) genannt. Olivenöl kann sowohl kalt verwendet als auch stark erhitzt werden. Das reichhaltige Öl ist außerdem ein altbewährtes Hausmittel für Haut und Haar.

KÜRBISKERNÖL wird aus den gerösteten Kernen des Speisekürbisses hergestellt. Es hat einen wunderbar nussigen und erdigen Geschmack und stammt ausschließlich aus der Erstpressung. Es ist nicht nur ein beliebtes Würzöl, besonders für Salate, Saucen, Brotaufstriche und Gebäck, sondern auch ein Heilöl. Kürbiskernöl hilft bei Prostatabeschwerden und Erkrankungen der Schleimhäute und fördert die Muskelleistung. Es sollte, wenn überhaupt, nur vorsichtig erhitzt werden.

TRAUBENKERNÖL ist ein gelbgrün schimmerndes Edelöl und wird im Kaltpressverfahren aus besten Zweigelt-Trauben-Kernen hergestellt. Es hat einen extrem hohen „Flammpunkt" und kann deshalb bis 200° erhitzt werden. Seit Jahrhunderten wird dieses Öl wegen seiner gesundheitsfördernden Eigenschaften als Heilöl verwendet. Den relativ hohen Preis rechtfertigen die 15 bis 18 Kilo an Traubenkernen, die man für einen Liter Öl braucht.

LEINÖL wird aus einer der ältesten Kulturpflanzen Europas – dem Flachs – gewonnen. Das Öl aus der Erstpressung des Leinsamens ist allerdings nicht zum Erhitzen geeignet. In warme Speisen sollte das Öl nur eingerührt werden. Leinöl wird auch gerne als Heilmittel und in der Kosmetik verwendet. Es ist reich an Omega-3-Säuren und wirkt deshalb entzündungshemmend.

ERDNUSSÖL wird aus gerösteten Erdnüssen gewonnen, hat eine sehr hohe Hitzebeständigkeit und ist deshalb besonders für alle Wok- und Grillgerichte geeignet. Der kräftige Röstgeschmack verfeinert auch Rohkost.

HASELNUSSÖL hat einen besonders feinen nussigen Geschmack mit einem Hauch von Nougat und ist vor allem in der süßen Küche beliebt. Das exklusive Nussöl ist noch relativ unbekannt im Gegensatz zum Walnussöl. Dieses wird schonend aus frischen Walnusskernen gepresst und sollte ebenfalls nicht erhitzt werden. Es verfeinert alle Salate und passt hervorragend zu Käse. Pistazienöl ist auch ein sehr wertvolles Nussöl mit einem zarten, leicht süßlichen Geschmack und besonders für die feine Sommerküche geeignet. Da es reich an ungesättigten Fettsäuren ist, kann es auch in der Diätküche verwendet werden.

Es gibt noch eine Reihe von besonderen Speiseölen wie Graumohnöl, Marillenkernöl oder Mandelöl, die im Fachhandel erhältlich sind und die Speisen veredeln.

Würzöle

Grundsätzlich eignen sich dafür alle Speiseöle, alle (und wirklich alle!) Gewürze und auch alle Kräuter. Würzöle erfreuen sich immer größerer Beliebtheit. Damit werden Speisen aromatisiert und finalisiert. Es gibt eine große Anzahl an Würzölen zu kaufen. Sie sind aber relativ leicht selbst herzustellen.

Selbst gemachte Würzöle haben viele Vorteile. Einerseits hat man die Würze, die man möchte, und andererseits ist es ein exklusives Geschenk oder Mitbringsel und in der Küche immer ein absolutes Highlight.

Die Gewürze oder Kräuter geben dem Öl die Aromastoffe ab, und Öl ist ein hervorragendes Konservierungsmittel. Wenn frische Gewürze wie Knoblauch, Chili, Zitronengras, Ingwer usw. verwendet werden, so sollten sie kurz in etwas Öl angeschwitzt werden, damit die Flüssigkeit an der Oberfläche der Gewürze verdampft und so die Aromastoffe besser austreten können. Bei frischen Kräutern genügt das sorgfältige Trockentupfen nach dem Waschen.

Kräuteröl

1/2 l Olivenöl
5 Rosmarinzweige
5 Thymianzweige
4 Knoblauchzehen

Knoblauch in feine Scheiben schneiden und mit etwas Öl leicht glasig anrösten. Gewürzzweige grob hacken und dazugeben. Mit dem restlichen Öl auffüllen. Auskühlen lassen und in saubere Flaschen abfüllen. Mindestens zwei Wochen an einem dunklen Ort stehen lassen.

Zucchini

Die Zucchini gehören zu den Kürbisgewächsen, von da stammt auch der Name. Italienisch „zucca" bedeutet Kürbis, somit sind die Zucchini „kleine Kürbisse".
Die ersten Zucchini kamen in den frühen 60er-Jahren des vorigen Jahrhunderts aus Italien zu uns. Besonders beliebt waren schon seit eh und je die jungen und kleinen Zucchini. Der feine, leicht nussige Geschmack ist bei ihnen besonders ausgeprägt. Ein besonderes optisches und geschmackliches Erlebnis stellt natürlich die Verarbeitung der Blüten dar.

WEISSE SCHAUMSUPPE VON ZUCCHINI mit Zitronenöl

500 g Zucchini
40 g Schalotten
2 Knoblauchzehen
1/2 l Gemüsefond
1/8 l Chardonnay
4 cl Noilly Prat
1/4 l Schlagobers
2 Eidotter
Salz, weißer Pfeffer aus der Mühle
Prise Muskat

Zucchinihaut mit einem Zestenreißer in feinen Streifen abziehen (oder die Schale längs abschneiden und mit einem scharfen Messer in feine Streifen schneiden), Zucchinifleisch in kleine Würfel schneiden. Schalotten und Knoblauch fein hacken und in 2 EL Olivenöl farblos anschwitzen, Zucchini dazugeben und durchrösten. Mit Suppe und Weißwein aufgießen. Köcheln lassen. 1/8 l Schlagobers steif schlagen. Restliches Obers mit Noilly Prat und Dottern verrühren. Suppe aufmixen und durch ein feines Sieb gießen. Nochmals aufkochen und dabei die Obersmischung kräftig einrühren, dann das geschlagene Obers unterziehen. Nochmals mit dem Stabmixer schäumen.
Grüne Zucchinistreifen in etwas Olivenöl anschwitzen und würzen. Mit einer Gabel zusammendrehen und als Garnitur zur Suppe reichen. Suppe mit gutem Zitronenöl beträufeln und mit Tomaten- oder Olivenbruschetta servieren.

Sommertrüffel

Trüffel – ein magisches Wort für alle Feinschmecker. Es handelt sich dabei um einen Pilz, der eigentlich als Parasit an den Wurzeln einer Wirtspflanze gedeiht. Im Gegensatz zu anderen Parasiten schädigt er die Wirtspflanze nicht, sondern lebt in einer Symbiose (beide – sowohl Pflanze als auch Pilz – profitieren voneinander). Dass Trüffeln so selten und daher so teuer sind, hat wohl auch mit deren ungewöhnlichen Vermehrung zu tun. Sie bilden oberirdisch keine Fruchtkörper, sondern bedienen sich der Tiere für ihre Verbreitung. Die Sporen der Trüffeln befinden sich in der unverdaulichen Schale. Der intensive Geruch lockt vor allem Wildschweine an, die nach dem Verzehr der kleinen Köstlichkeiten die unverdauliche Schale wieder ausscheiden. Bestimmt Käferarten sorgen ebenfalls für die Verbreitung von Trüffeln. Trüffeln sind seit jeher ein äußerst begehrtes Genussmittel. Heute werden Hausschweine und Hunde zum Trüffelsuchen abgerichtet.

Die Sommertrüffel ist kleiner und auch billiger als ihre bekannten Verwandten – Albatrüffel und Périgord-Trüffel. Sie besitzt eher kugelförmige Fruchtkörper. Sehr junge Trüffeln haben ein elfenbeinfarbiges Fruchtfleisch, bei den älteren ist es mehr gelblich. Die Trüffel gibt jedem Gericht einen festlichen Touch. Besonders eher unscheinbare oder besser gesagt: neutrale Speisen lassen sich besonders gut mit Trüffeln veredeln, wie z. B Kartoffeln, Nudeln und auch Pastinaken.

TIPP: Wenn man schon diesen hochpreisigen und exquisiten Pilz zur Verfügung hat, so kann man auch leicht noch ein paar „Nebenprodukte" herstellen.

TRÜFFELÖL

Sehr gutes Olivenöl in eine schöne Glasflasche abfüllen, eine Prise Salz und gehobelte Trüffeln dazugeben und gut verschließen. An einem warmen Ort mehrere Tage stehen lassen. So entfaltet sich das beliebte Aroma im Öl. Danach kühl und trocken lagern.

TRÜFFELSALZ

Trüffelscheiben hacken und mit grobem Meersalz oder Fleur de Sel vermengen. In kleine Dosen abfüllen und gut verschließen. Ein Trüffelsalz als Geschenk ist sicher für jeden begeisterten Koch ein Highlight.

GEFÜLLTE ZUCCHINIBLÜTEN
auf Paprika-Couscous mit Sommertrüffeln

8 Zucchiniblüten mit Zucchiniansatz
300 g Ricotta oder milder, passierter Topfen (20 % Fettgehalt)
2 Eier
1 Eidotter
1 kl. Zwiebel
1 Tomate
40 g Semmelbrösel
20 g Pinienkerne
Salz, weißer Pfeffer aus der Mühle
etwas Muskat
1/8 l Gemüsefond

Blüten vorsichtig waschen und den Blütenstempel herausdrehen. Zwiebel klein schneiden, Tomate in heißes Wasser tauchen, eiskalt abschrecken und schälen. Nur das Fruchtfleisch in kleine Würfel schneiden. Etwas Öl in der Pfanne erhitzen und die Zwiebel farblos anschwitzen, Tomatenwürfel und die Pinienkerne dazugeben und kurz durchrösten. Masse mit Ricotta, Eiern, Dotter und Semmelbröseln vermengen. Mit einem Löffel kleine Nockerln formen und die Zucchiniblüten damit füllen. Blüten leicht zusammendrehen und in eine Auflaufform legen. Mit etwas Suppe und Olivenöl beträufeln und zugedeckt im Rohr bei 180° ca. 10 Min. dünsten.

PAPRIKA-COUSCOUS

400 g Couscous (Hirse)
1/2 l Gemüsesuppe
3 EL Olivenöl
1 Jungzwiebel
1 grüner oder gelber Paprika
1 Chilischote
Salz, Pfeffer
Prise Kümmel
etwas zerlassene Butter

Chilischote entkernen und in feine Streifen schneiden. Paprika entkernen und in kleine Würfel schneiden. Olivenöl erhitzen, die klein geschnittene Jungzwiebel, Paprikawürfel und Chili darin anrösten. Couscous dazugeben und kurz mitrösten. Mit heißer Gemüsesuppe aufgießen und vom Herd nehmen. Zugedeckt 20 Min. quellen lassen. Mit etwas brauner Butter und den Gewürzen verfeinern.

Zucchiniblüten mit dem Couscous auf vorgewärmten Tellern anrichten, mit brauner Butter oder einer Trüffelbuttersauce umgeben und mit Sommertrüffeln garnieren.

Diese Spezialität ist auch ein außergewöhnliches vegetarisches Sommergericht.

CHAMPAGNER-ROSE mit Himbeersorbet und Champagner-Sabayon

300 ml Obers
100 g Zucker
30 g Himbeersaft
200 ml Champagner
8 Eidotter

Obers, Zucker und Himbeersaft aufkochen lassen, mit dem Champagner und den Dottern zur Rose abziehen.

HIMBEER-GELEE

250 ml Himbeersaft
10 ml Rosenwasser
80 g Kristallzucker
5 Bl. Gelatine

Himbeersaft mit Zucker aufkochen lassen und mit Rosenwasser parfümieren. Eingeweichte und ausgedrückte Gelatine in der leicht überkühlten Flüssigkeit auflösen. Masse in eine mit Klarsichtfolie auslegte Kastenform gießen. Kalt stellen. Gelee stürzen und in gleichmäßige kleine Würfel schneiden.

HIMBEER-SORBET

500 g Himbeeren
200 g Staubzucker
8 cl Himbeersirup
1 Bio-Limette
(Saft und fein geriebene Schale)
4 cl Himbeerlikör oder Himbeergeist
250 ml Schlagobers

Himbeeren mit Zucker, Sirup und Limette vermischen und etwas ziehen lassen. Fein pürieren und durch ein feines Sieb streichen, damit das Sorbet „kernfrei" bleibt, und mit dem Himbeerlikör abschmecken. Obers steif schlagen und vorsichtig unter das Himbeerpüree mischen. Masse in eine flache Schüssel geben und für 3 Stunden gefrieren lassen. Dabei öfters mit dem Schneebesen aufschlagen – so entsteht ein cremiges Sorbet. Vor dem Servieren in einen Spritzsack umfüllen.

CHAMPAGNER-SABAYON

250 ml Champagner
70 g Kristallzucker
4 Eidotter

Alle Zutaten im Wasserbad (über Dampf) cremig aufschlagen.

KARTOFFEL-SPINAT-ROLLE auf geschmolzenen Tomaten

*200 g gekochte und
passierte mehlige Kartoffeln
2 Eier
2 cl Schlagobers
70 g Butter
80 g Mehl
Salz*

Aus den Zutaten rasch einen geschmeidigen Kartoffelteig zubereiten.

*300 g Blattspinat
1 kl. Zwiebel
1 EL Butterschmalz
1 Knoblauchzehe
2 cl Schlagobers
50 g fein geriebener Parmesan
oder geräucherter Ricotta
1 Ei*

GESCHMOLZENE TOMATEN
*1 kg Tomaten, 1 kl. Zwiebel
2 Knoblauchzehen
3 EL Olivenöl
Salz, weißer Pfeffer aus der Mühle
eine Prise Rohzucker
frische Kräuter wie Basilikum,
Petersilie, Majoran*

Tomaten an der Spitze kreuzweise einschneiden, kurz in heißem Wasser blanchieren und mit Eiswasser abschrecken. Haut abziehen und das Fruchtfleisch in Spalten schneiden. Zwiebel und Knoblauch sehr fein hacken und in heißem Olivenöl glasig anrösten. Die Tomatenspalten dazugeben und ein paar Minuten dünsten. Würzen und mit den gehackten Kräutern verfeinern. Eventuell noch mit einem Esslöffel kalter Butter montieren. Ein perfektes Sommergericht, das auch hervorragend zu Gnocchi, Nudeln und Schafskäse passt.

Blattspinat waschen, entstielen und in feine Streifen schneiden. Zwiebel und Knoblauch fein hacken und in heißem Butterschmalz anrösten. Spinat dazugeben, durchschwenken und mit Schlagobers aufgießen. Kurz köcheln lassen. Würzen und den Parmesan und das Ei unterrühren. Masse auskühlen lassen. Kartoffelteig auf einer bemehlten Fläche ca. 1 cm dick ausrollen, Blattspinat darauf verteilen und Teig einrollen. Mit Klarsichtfolie umwickeln und in heißem Wasserbad ca. 30 Min. garen. Herausnehmen und kurz rasten lassen. Folie vorsichtig entfernen.
In Scheiben schneiden und auf geschmolzenen Tomaten und brauner Butter servieren.
Mit frischem Parmesan bestreuen. Sehr gut passt zu diesem Gericht auch gehobelter, geräucherter Ricotta anstelle von Parmesan.

Für ewig jung – Spinat als Jungbrunnen

Nicht erst seit „Popeye" wissen wir von der kraftspendenden Wirkung von Spinat. Wissenschaftler haben belegt, dass Spinat mithilft, die geschädigte DNS zu reparieren und somit wie ein Jungbrunnen wirkt. Er stärkt das Herz-Kreislauf-System und beugt der Arterienverkalkung vor. Eine geballte Ladung an Antioxidantien, Mineralstoffen und Vitaminen steckt außerdem in den dunkelgrünen Blättern.
Egal ob Sie ihn als Salat (dafür sind vor allem die sehr jungen Blätter geeignet), als Suppe, à la creme, als Cremespinat oder auch als Fülle genießen – er ist nicht nur eine optische, sondern ganz besonders auch eine gesunde und geschmackliche Bereicherung.

FILET VOM KÄRNTNER TAUERNRIND
unter der Sommerkräuterkruste

4 Steaks vom Tauernrind
(à ca. 180 g)
Pfeffer, Olivenöl
grobes Fleur de Sel

KRUSTE
200 g feine Semmelbrösel
100 g flüssige Butter
gehackte Kräuter wie
Petersilie, Rosmarin,
Thymian, Zitronenthymian
3 Eidotter

Alle Zutaten für die Kruste miteinander vermischen und leicht salzen. Auf ein beöltes Backblech ca. 4 mm dick aufstreichen und fest werden lassen.
Steaks würzen, mit Öl bepinseln und am Griller beidseitig anbraten. Aus der Kräutermasse Kreise ausstechen – sollten denselben Durchmesser haben wie die Steaks. Auf die Steaks legen und im vorgeheizten Backrohr bei 85° 10 bis 15 Min. überkrusten und rasten lassen.

DREIFÄRBIGE KARTOFFELTERRINE

600 g mehlige Kartoffeln
60 g Butter
8 cl Schlagobers
4 Eier
Salz, Pfeffer
1 EL Tomatenmark
4 EL Cremespinat
2 EL Kartoffelmehl (oder auch Maizena)

Kartoffeln weich kochen, schälen und durch die Presse drücken. Mit flüssiger Butter, Obers und den Eiern, Salz und Pfeffer zu einem glatten Püree verarbeiten. Masse dritteln.

Einen Teil mit Tomatenmark einfärben. Den zweiten Teil mit Cremespinat. Damit diese Masse nicht zu flüssig wird, sollte man ca. 2 EL Kartoffelstärke untermengen.

Terrinenform mit Klarsichtfolie auslegen und die Kartoffelmassen Schicht für Schicht einstreichen. Mit Alufolie abdecken. Terrinenform im Wasserbad bei 120° für eine halbe Stunde pochieren.

Herausnehmen, stürzen und Folie abziehen. In beliebige Stücke schneiden und sofort servieren.

ZANDER IM GANZEN

*1 Zander
(ca. 1,2 bis 1,5 kg)
Salz, Pfeffer
Saft einer Bio-Zitrone
(die Schale in feine
Streifen schneiden
und zur Kräuter-
mischung geben)
frische Kräuter wie
Rosmarin, Petersilie,
Basilikum, Pimpinelle
4–5 Knoblauchzehen
4 EL natives Olivenöl*

Zander ausnehmen und entschuppen. Waschen und mit einem Küchentuch innen und außen trocken tupfen (oder gleich beim Fischhändler küchenfertig kaufen).
Den Zander innen und außen mit Zitronensaft bepinseln und würzen. Knoblauch und Kräuter fein schneiden und den Zander damit füllen. Ein paar Kräuter für die Haut beiseite geben.
Die Haut des Fisches mehrmals einschneiden.

Öl und Butterschmalz auf einem Backblech verteilen und den Zander darauflegen. Fisch im vorgeheizten Backofen bei 170° etwa eine halbe Stunde braten. Dabei mehrmals mit Aromaöl oder Kräuteröl bepinseln. Dazu Petersilkartoffeln oder buntes Kartoffelgröstl und Salat servieren.

TIPP: junge Knoblauchzehen nicht schälen, sondern nur in der Mitte durchschneiden und mit dem Fisch im Rohr braten. Der Knoblauch bekommt dadurch einen sehr feinen Geschmack, verliert aber den strengen Geruch, und der Fisch wird trotzdem ausreichend „parfümiert".

Zander für alle

Der Zander, auch Sander, Schill, Hechtbarsch oder Fogosch genannt, zählt wohl zu den beliebtesten Süßwasserfischen. Er gehört zur Familie der Barsche. Da er wenig Gräten und ein weißes Fleisch hat, ist er auch besonders fürs Grillen und Braten im Ganzen geeignet. Ein Fisch im Ganzen wird bei jeder Sommerparty sicherlich ein Highlight sein. Das Essen aus einer gemeinsamen Pfanne bzw. von einer Platte ist für die Menschen von jeher ein sinnliches Erlebnis.

„Du findest mich draußen ..." Picknick im Grünen – ein fürstliches Vergnügen

Schon Ludwig XIV. genoss die Vorzüge opulenter Feste im Freien und auch die Verwandlungsfähigkeit der Orangerien – nicht drinnen und nicht draußen. Ein bisschen Sommertheater – davon ließen sich auch die Impressionisten wie Monet oder Renoir inspirieren. Genießen Sie die Bühne in Ihrem Garten oder auf der Wiese.
Wie im Garten Eden – ganz entspannt auf einer blühenden Wiese mit einem Korb voller Köstlichkeiten, mit Champagner und genügend Zeit, den Augenblick zu genießen. In den 20er-Jahren war es total in, mit einem noblen Picknickkoffer ins Grüne zu fahren. In England hat man das zur Tradition gemacht, und dieser englische Lifestyle zeigt sich heute noch bei den exklusiven Picknick-Events im Rahmen des Glyndebourne-Festivals.

Die lauen Sommerabende laden ja geradezu ein, die Leichtigkeit des Seins mit allen Sinnen zu spüren.

GERÄUCHERTER KÄSE VOM WEIDESCHAF
im Blätterteig mit rotem Zwiebel-Nektarinen-Relish

250 g Blätterteig (tiefgekühlt)
1 Ei
1 mittelgroße Melanzani
1 Zucchini
2–3 Knoblauchzehen
2 rote Paprika
300 g Schafkäse vom Weideschaf (österreichische Qualität), geräuchert
2–3 Knoblauchzehen

Blätterteig auftauen lassen. Melanzani in Scheiben schneiden und mit einem runden Ausstecher (Durchmesser 6 cm) acht Kreise ausstechen, ebenso von der Zucchini. Zucchini und Melanzani mit Salz, Pfeffer und Knoblauch würzen und in einer beschichteten Pfanne mit etwas Olivenöl beidseitig anbraten. Paprika entkernen, auf ein mit Backtrennpapier ausgelegtes Backblech legen, mit Olivenöl beträufeln und im Backrohr bei 200° backen, bis die Haut sich bräunt. Herausnehmen und mit einem feuchten Tuch bedecken. Nach dem Erkalten lässt sich die Haut leicht ablösen. Von den Paprikaschoten ebenfalls Kreise ausstechen. Rest kleinwürfelig schneiden, beiseite stellen. Schafkäse in Streifen schneiden.

Blätterteig ausrollen und in zwei Teile schneiden. Mit gesprudeltem Ei bestreichen. Nun zuerst die Melanzani so anordnen, dass alle acht Stück darauf Platz haben. Melanzani abwechselnd mit Käse, den Paprikawürfeln, gegrilltem Paprika und Zucchini belegen. Die zweite Teigplatte darüberlegen und fest andrücken. Mit einem größeren Ausstecher (Durchmesser ca. 7,5 bis 8 cm) die Tarteletts ausstechen, auf ein befettetes Backblech legen und nochmals mit Ei bestreichen. Im vorgeheizten Backrohr bei 200° goldgelb backen.

ZWIEBEL-NEKTARINEN-RELISH

2 rote Zwiebeln
5 reife Nektarinen
30 g Rohzucker
2 EL Rapsöl
6 cl Rotwein
4 cl dunkler Portwein
6 cl Balsamicoessig
Thymianzweig
Rosmarin
1 Lorbeerblatt
Salz

Zwiebeln vierteln und in Streifen schneiden. Nektarinen waschen, entkernen und klein würfelig schneiden. Beides in einer heißen Pfanne mit Rapsöl glasig anrösten. Mit Rotwein, Portwein und Balsamico ablöschen, die Kräuter dazugeben und einkochen lassen. Sollte die Masse zu dick sein, eventuell noch etwas Wasser dazugeben.

Haben Sie schon gewusst …

… dass die Nektarine zu den Rosengewächsen gehört und nicht – wie so oft behauptet – eine Kreuzung aus Pflaume und Pfirsich ist. Vielmehr ist die Nektarine eine Mutation aus dem glatten und dem „pelzigen" Pfirsich. Bekannt wurde die Nektarine erst in den letzten 20 Jahren.

Brot und Gebäck

Brot zählt wohl zu den wichtigsten Grundnahrungsmitteln überhaupt und hat in unserer Gesellschaft eine kulturelle und religiöse Bedeutung. Schon die römischen Kaiser praktizierten eine Politik der „Brot und Spiele", um ihre Bürger bei Laune zu halten.

Was wäre ein Grillfest ohne das dazugehörige Brot? Selbst gemachtes und ofenfrisches Gebäck stellt so manches Grillgut in den Schatten. Vom klassischen Baguette einmal abgesehen, ist dabei das Knoblauchbrot am bekanntesten.

Aber da gibt es noch eine Vielzahl von Varianten:

OLIVEN- UND TOMATENBAGUETTE

1 kg Mehl
1/2 l Wasser
45 g Germ (Hefe)
6 Tarteletts
8 EL Olivenöl
Salz
125 g Tomatenpesto
125 g Oliventapenade

Germ in lauwarmem Wasser auflösen und mit Olivenöl, Salz und dem Mehl zu einem geschmeidigen Teig verarbeiten. Zugedeckt an einem warmen Ort (nicht zugig) 2 Stunden aufgehen lassen, in zwei Hälften teilen.

Teig auf einer bemehlten Arbeitsfläche ausrollen, je einen Teil mit Oliventapenade und Tomatenpesto einstreichen. Teig einrollen und nochmals für ca. 10 Min. aufgehen lassen.

Baguettes mit aufgeschlagenem Ei bestreichen und im vorgeheizten Backrohr bei 200° goldgelb backen.

WEITERE VARIANTEN: dasselbe Grundrezept mit Nüssen, Zwiebeln (angeröstet), Kräutern, Schafkäse oder auch Salami mischen.

BURATTA auf lauwarmem Brotsalat

400 g Buratta
100 g Melanzani
100 g roter und gelber Paprika
1 rote Zwiebel
100 g Sherrytomaten
100 g Rucola
100 g Salami (nicht zu dünn geschnitten)
500 g Weißbrot (Baguette)
Balsamicodressing und frisches Basilikum

Weißbrot (am besten altbackenes) in dünne Scheiben schneiden. Auf ein leicht beöltes Backblech legen und leicht salzen. Im Rohr bei 180° trocknen lassen.
Gemüse in Scheiben bzw. Streifen schneiden und am Griller oder in einer beschichteten Pfanne mit etwas Olivenöl grillen. Salami in Streifen schneiden.
In einer großen Schüssel Gemüse, Salami, Brot, Kräuter und Balsamicodressing gut vermischen. Auf kalten Tellern anrichten und mit in Scheiben geschnittenem Buratta belegen. Mit frischen Basilikumblättern ausgarnieren.

BALSAMICODRESSING: Olivenöl, Balsamicoessig, etwas Honig, Salz, Pfeffer und etwas Wasser mit dem Stabmixer aufschlagen.

Was ist Buratta?

Der Frischkäse stammt aus dem südlichen Italien. Er wird wie Mozzarella zubereitet – allerdings aus Kuhmilch –, aber anschließend in Affodillblätter (eine Lilienart) gewickelt, in denen er reift. Anstelle der Affodillblätter können im Frühling auch Bärlauchblätter verwendet werden. Typisch für Buratta sind die etwas ledrige Haut und der cremige Kern. Für ein Kilogramm Buratta werden bis zu acht Liter Milch benötigt.
Früher war die Herstellung von Käse ausschließlich Sennern und Bäuerinnen vorbehalten. Es war eine äußerst anspruchsvolle und sensible Tätigkeit, bei der die Temperatur der Milch, die Menge an Lab und der Säuregrad der Milch exakt stimmen mussten. Guter Mozzarella und besonders Buratta gehören heute zu den beliebtesten und vielseitigsten Käsearten.

Tomaten

Die Tomate stammt ursprünglich aus Südamerika. Die Azteken bauten sie bereits um 200 v. Chr. an. Viele Mythen ranken sich um sie, und sie beflügelte immer die Fantasie der Menschen. Christoph Kolumbus brachte die Tomatenpflanze 1498 nach Europa. Damals glaubte man sogar, dass die Tomate der „Paradiesapfel" sei, mit dem Eva Adam verführt habe. Von da dürfte sich wohl auch der Name „Paradeiser", wie die Tomate vielerorts in Österreich genannt wird, herleiten. Ab Mitte des 16. Jahrhunderts wurde die Tomate dann in Europa angebaut, lange Zeit allerdings nur als Zierpflanze. Erst nach dem Zweiten Weltkrieg erhielt sie jenen Stellenwert, den sich auch heute noch auf unserem Speisezettel einnimmt. Die Tomaten sind äußerst gesund und durch den hohen Wasseranteil (95 %) auch kalorienarm. Beim Reifen bilden sie (gleich wie die Äpfel) Tyramin, das wie ein Stimmungsaufheller wirkt. Tomaten sind daher nicht nur sehr gesund, sondern sie machen auch gute Laune.

Bemerkenswert ist auch, dass das gesunde Lycopin, das in hoher Konzentration in Tomaten vorkommt, von unserem Körper leichter aufgenommen wird, wenn die Tomaten erhitzt bzw. gekocht wurden. Es ist sogar noch im Tomatensaft und in der Tomatensauce enthalten. Alle Ketchup-Fans können sich freuen: Es ist gesünder als oft angenommen. Dass Freilandtomaten bis zu dreimal mehr Lycopin enthalten als Glashaustomaten, hängt von der natürlichen Reifung und der Sonneneinstrahlung ab.

FLEISCHTOMATEN, gefüllt mit Ratatouille

4 Fleischtomaten
1 roter Paprika
1 gelber Paprika
1 kl. Zucchini
1 kl. Aubergine
1 Zwiebel
1 Knoblauchzehe
Salz, Pfeffer, Majoran,
Thymian, Basilikum
3 EL Olivenöl
1/8 l Rotwein

Tomaten an der runden Seite die Kappe abschneiden und mit einem Löffel vorsichtig aushöhlen. Tomatenwasser und Tomatenkerne auffangen. Zwiebel und Knoblauch fein hacken. Paprika, Zucchini und Aubergine in kleine Würfel schneiden. Zwiebel und Knoblauch in Olivenöl glasig anrösten, Gemüsewürfel dazugeben und mit Tomatenwasser aufgießen. Würzen und schmoren lassen. Rotwein dazugeben und mit Salz und Pfeffer abschmecken.
Tomaten mit dem fertigen Ratatouille füllen. Mit Parmesan bestreuen und den abgeschnittenen Tomatenteil wieder auf die Tomate setzen. Eventuell mit einem Rosmarinzweig als Zahnstocher fixieren. Im vorgeheizten Backrohr bei 200° 15 Min. schmoren lassen.

Das restliche Ratatouille für eine Ratatouille-Vinaigrette verwenden. Dazu das ausgekühlte Gemüseragout mit Zitronenessig, etwas Oregano und Thymian sowie Olivenöl, gehackter Petersilie und weißem Balsamico vermischen. Diese Vinaigrette passt hervorragend zu Artischocken und gegrillten Maiskolben.

OFEN-TOMATEN

500 g Cherrytomaten
(oder auch Rispen-
tomaten)
Olivenöl, Salz, Pfeffer,
etwas Zucker
Thymian, Rosmarin,
Basilikum und
2 Knoblauchzehen

Knoblauchzehen schälen und feinblättrig schneiden. In Olivenöl hell anrösten. Tomaten gemeinsam mit den Gewürzen in eine Kasserolle geben und im Backrohr bei 180° schmoren lassen. Den angerösteten Knoblauch unterheben und mit etwas Olivenöl beträufeln. Vor dem Servieren noch mit etwas Zitronenzesten verfeinern.

TIRAMISU CAPRESE

TOMATENRAGOUT

300 g vollreife rote Tomaten
200 g vollreife gelbe Tomaten
2 kl. Zwiebeln
2 Knoblauchzehen
1/8 l Gemüsebouillon
1/8 l Rotwein
Basilikum, Majoran, Thymian
Salz, Pfeffer, etwas Zucker

Tomaten waschen und in kleine Würfel schneiden. Zwiebel und Knoblauch fein schneiden und in 3 EL Olivenöl anrösten, Tomaten dazugeben und kurz einkochen lassen. Mit Gemüsebouillon und Rotwein aufgießen und mit den Kräutern würzen. Alles mindestens eine halbe Stunde auf kleiner Flamme köcheln lassen. Dabei öfters umrühren.

WEISSER TOMATENSCHAUM

5 vollreife Tomaten
2 Knoblauchzehen
1 Thymianzweig
Salz, weißer Pfeffer aus der Mühle
Zucker
5 Bl. Gelatine
1/4 l Schlagobers

Tomaten in kleine Würfel schneiden und mit Knoblauch, etwas Salz und Zucker und den Gewürzen in einem Topf aufkochen lassen. Durch ein mit einem Passiertuch ausgelegtes Sieb gießen. Den so erhaltenen klaren Tomatenfond auskühlen lassen. Eingeweichte und ausgedrückte Gelatine mit ein paar Esslöffeln Tomatenfond erwärmen (nicht zu warm, nur bis die Gelatine aufgelöst ist) und unter den Tomatenfond rühren. Schüssel in Eiswasser stellen und die Masse weiter aufschlagen, bis sie leicht zu stocken beginnt. Halbfest geschlagenes Obers vorsichtig unterziehen.

300 g Büffelmozzarella oder Buratta, in ca. 5 mm dicke Scheiben geschnitten
80 g Basilikumpesto
3 EL Olivenöl
4 Scheiben Toastbrot

Toastbrot mit etwas Butter bestreichen und am Griller antoasten. Aus jedem Toastbrot 2 Kreise ausstechen (restliches Toastbrot kleinwürfelig schneiden und mit etwas Basilikumpesto anrösten, als Croutons zu Salat reichen).

ANRICHTEN: Tomatenragout in 4 Gläser füllen (ca. 2 cm hoch) und jeweils mit einer Scheibe Mozzarella abdecken. Pesto mit Olivenöl verrühren, auf dem Mozzarella verteilen und mit einem Toastbrotkreis abdecken. Vorgang wiederholen. Zum Schluss den weißen Tomatenschaum daraufgeben. Gläser kühl stellen. Vor dem Servieren mit frischem oder frittiertem Basilikumblatt ausgarnieren und ofenfrisches Baguette dazu reichen.

Paprika

Der Paprika stammt wie die Tomate aus Südamerika und wurde im 17. Jahrhundert ebenfalls von Seefahrern nach Europa gebracht.

Er ist ein sehr gesundes Gemüse und ein echtes Vitaminbündel, enthält er doch Vitamin A und C und ist reich an Mineralstoffen. Die Farbe der Paprikaschote ist abhängig von der Reife. Grüne Paprika sind nicht voll ausgereift, enthalten auch am wenigsten Vitamin C und schmecken leicht bitter. Die gelben Paprika sind ebenfalls nicht voll ausgereift. Sie schmecken aber leicht süßlich und sind vor allem für Salate und Suppen hervorragend geeignet. Die roten Paprika sind die aromatischsten und vitaminreichsten. Sie sind voll ausgereift und haben einen süßlich milden und fruchtigen Geschmack. Allein schon ein Paprikastrauch oder Chilistrauch im Garten, auf dem Balkon oder auch als Tischdekoration ist immer ein Blickfang.

SCHAUMSUPPE VOM PAPRIKA
mit Basilikum-Grießnockerln

3 rote Paprika
1 Schalotte, fein gehackt
1 Knoblauchzehe
3 Tomaten
2 EL Tomatenmark
0,7 l Gemüsebouillon
4 cl Kochmadeira
Salz, Pfeffer
Prise Muskatnuss
1/4 l Schlagobers
2 EL Crème fraîche

Paprika und Tomaten waschen, Paprika halbieren und entkernen. Paprika und Tomaten in kleine Würfel schneiden (für die Garnitur vom Paprika einige Rauten ausschneiden).
2 EL Olivenöl in Topf erhitzen, Paprika und Tomaten dazugeben und stark anrösten. Mit Tomatenmark und den Gewürzen kurz weiterrösten und mit Suppe und Madeira aufgießen. 20 Min. köcheln lassen. Suppe mit dem Stabmixer pürieren und durch ein feines Sieb gießen. Schlagobers zur Paprikasuppe geben und nochmals 10 Min. köcheln lassen. Mit Crème fraîche verfeinern und vor dem Servieren aufschäumen.

TIPP: Diese Suppe schmeckt im Hochsommer auch als geeiste Suppe mit Joghurt-Obers-Nockerln und ofenfrischem Ciabatta.

BASILIKUM-GRIESSNOCKERLN

50 g handweiche Butter
100 g Weizengrieß (Nockerlgrieß)
1 Ei
Salz, weißer Pfeffer aus der Mühle, Muskatnuss
50 g Basilikum, sehr fein gehackt

Weiche Butter mit Ei und den Gewürzen aufschlagen, den Grieß und das Basilikum einarbeiten. 10 Min. rasten lassen. Kleine Nockerln formen und in kochendem Salzwasser zugedeckt wallend ziehen lassen.

TIPP: Anstelle von Basilikum kann auch Petersilie oder auch eine Kräutermischung verwendet werden.

Grillen unter freiem Himmel

Ein altes Sprichwort sagt: „Wenn die Wände durchlässig werden, gehören die Sterne zum Fest" – alle zieht es nach draußen. Kreieren Sie Ihren ganz persönlichen Sommernachtstraum mit einer Inszenierung im Freien. Sommerzeit ist Grillzeit.
Ich möchte Ihnen dafür ein paar außergewöhnliche Marinaden und Dips vorstellen. Ketchup zum Beispiel, selbst hergestellt und mit Beeren verfeinert, kann ein echtes Geschmackserlebnis sein. Alle kennen auch die Kräuter- oder Knoblauchbutter. Vielleicht verwenden Sie einmal Blüten für die Gewürzbutter und peppen so die Grillparty auf.
Inszenieren Sie doch einmal für Ihre Familie und Freunde einen Sommerabend für alle Sinne.

Ringelblumenbutter

200 g handweiche Butter
3 EL Ringelblumenblätter, gehackt
Salz, etwas Zitronenschale
Prise Kardamompulver, Prise Zimt

Die Butter schaumig rühren und alle Zutaten untermengen. Eine Rolle formen (Durchmesser 2 cm), in Folie wickeln und einfrieren. Vor dem Servieren antauen lassen und in Scheiben schneiden. Ringelblumen schmecken kresseartig. Die Butter eignet sich hervorragend als Brotaufstrich und passt natürlich auch zu gegrilltem Gemüse.
Ringelblumen, frisch geerntet, schmücken und veredeln jeden Salat und auch Suppen oder Süßspeisen.

VARIANTEN: Ringelblumenblätter können durch Lavendelblüten, Rosenblüten oder Kornblumen ersetzt werden.

Grillen versus Barbecue

Das Feuer zieht die Menschen magisch an – und Fleisch gehört schon seit der Steinzeit zu den Grundnahrungsmitteln.
Das Wort „grillen" leitet sich vom lateinischen Wort „craticulum" her, was so viel bedeutet wie „kleiner Rost". Im Unterschied zum Grillen – hier wird das Grillgut über offenem Feuer gegart – werden beim Barbecue die Speisen eher mit der abstrahlenden Hitze des Feuers zubereitet und nicht direkt über der Flamme. Wie auch immer – heute haben sich die beiden Begriffe längst miteinander verbunden, und Grillfeste erfreuen sich weltweiter Beliebtheit. Vom gesundheitlichen Standpunkt aus ist das Grillen direkt über dem offenen Feuer eher zu vermeiden. Es gilt als erwiesen, dass verbrannte und zu stark gegrillte Speisen krebserregend sind. Man sollte auf alle Fälle das Grillgut nicht „überwürzen" und auf beste Fleischqualität achten.

BEEREN-KETCHUP TRIFFT FEIGENSENF

FEIGENSENF
100 g frische Feigen
100 g getrocknete Feigen
1/8 l Apfelsaft
80 g Kremser Senf
80 g Dijon-Senf
2 EL Honig
Salz
etwas frischer Estragon

Die harten Stiele der getrockneten Feigen entfernen und diese klein würfeln. Frische Feigen schälen und ebenfalls kleinwürfelig schneiden. Feigen in einem Topf mit dem Apfelsaft einkochen. Überkühlen lassen und mit dem Senf, Honig und dem klein geschnittenen Estragon vermischen. Eventuell noch etwas salzen.

BEEREN-KETCHUP
50 g Rohzucker
30 g frischer Ingwer
100 g Ribisel
(rote Johannisbeeren)
100 g Himbeeren
4 cl roter Balsamicoessig
3 EL Tomatenmark
250 g Pelati (geschälte Tomaten)
1 kl. Zwiebel
Salz, Pfeffer, 1 Chilischote, 2 Gewürznelken

Pelati kleinwürfelig schneiden. Rohzucker im Topf karamellisieren. Tomaten und Tomatenmark dazugeben und stark anrösten. Die klein geschnittene Zwiebel hineingeben und ebenfalls mitrösten. Mit Balsamico ablöschen und die Beeren dazugeben. Alles ca. 1/2 Stunde köcheln lassen. Mit Salz, Pfeffer, Gewürznelken und entkernter Chilischote würzen.

TIPP: Selbst gemachtes Ketchup ist auch ein außergewöhnliches Geschenk aus der eigenen „Kreativ-Werkstatt".

Salate und Dressings

Die heißen Tage und lauen Nächte sind die „Salatzeit". Es gibt mittlerweile eine Fülle von verschiedensten Salaten – von Klassikern wie Rucola-, Eisberg-, Romanesco- oder Vogerlsalat bis zu neuen Sorten wie Agano-, Picanto-, Beta- oder Mizunasalat, die vor allem durch ihr außergewöhnliches Aussehen bestechen. Gefiederte Blätter oder auch samtige Salatblätter, vermischt mit den herkömmlichen Salaten, sind sicherlich eine optische Bereicherung jeder Tafel. Ob als Beilage, Vorspeise oder als Hauptspeise – ohne Dressing, Essig und Öl wären sie nur eine lose Blattsammlung.
Dressings gibt es in bemerkenswerter Vielzahl bereits fertig zu kaufen, es ist aber wirklich einfach, ein hervorragendes Dressing oder eine Essig-Öl-Mischung selbst herzustellen.
Hier ein paar klassische Varianten:

Essig-Senf-Vinaigrette

2 TL Senf (Kremser Senf oder Estragonsenf)
1 Prise Zucker, Salz, Pfeffer
3 EL Apfelessig (oder auch Weißweinessig)
8 cl Öl

Alle Zutaten gut mit einem Schneebesen vermischen.
Diese Vinaigrette kann auch mit etwas fein geschnittener Zwiebel oder Schnittlauch verfeinert werden. Einen fruchtigen Touch erhält sie durch klein geschnittene, vollreife Marillen.

Sommer-Vinaigrette

4 EL Weinessig
1 TL Estragonsenf
1 TL Honig
Salz und Pfeffer

Alles kräftig verrühren und nun 1/16 l Olivenöl langsam dazugeben und unterschlagen.
40 g rote Zwiebeln, klein geschnitten, und gehackte frische Gartenkräuter (Petersilie, Kerbel, Schnittlauch) beigeben und nochmals kräftig aufschlagen.

Joghurt-Marinade

200 g Joghurt
100 g Sauerrahm
2 TL Zitronensaft
Salz, Pfeffer, Prise Zucker
2 EL Öl
3 EL frische, gehackte Kräuter wie Schnittlauch, Petersilie, Koriander etc.

Alle Zutaten gut miteinander vermischen.

Mediterranes Dressing

10 cl natives Olivenöl
4 EL roter Balsamicoessig oder Rotweinessig
Salz, Pfeffer, Prise Zucker
Basilikumblätter und etwas Oregano, fein gehackt
1 EL geröstete Pinienkerne
5 grüne Oliven, fein gehackt

Thousand-Island-Dressing

50 g rote Paprika
20 g Zwiebel
1 Essiggurke
1 TL Kapern
100 g Mayonnaise (50 % Fett)
100 g Sauerrahm
2 EL Ketchup
Salz, Pfeffer
eventuell etwas Zitronensaft

Paprika, Zwiebel, Essiggurke und Kapern sehr fein hacken und mit den restlichen Zutaten gut verrühren.

Rahm-Dressing

100 g Sauerrahm
8 cl Obers
8 cl weißer Balsamico
Salz, Pfeffer, Prise Zucker
40 g klein gewürfelter Apfel

Alle Zutaten gut miteinander verrühren.
Anstelle des Apfels können auch 1–2 Knoblauchzehen genommen werden.

Oliventapenade und Melanzanikaviar

... den Sommer aufs Brot

OLIVENTAPENADE

250 g Kalamata-Oliven, entsteint
1 Thymianzweig
2 Knoblauchzehen
150 g Kapern
Olivenöl, Salz, Pfeffer
Prise Zucker

Thymianzweig abrebeln (Blätter abzupfen) und gemeinsam mit den restlichen Zutaten im Mixer zu einem Püree verarbeiten. Eventuell noch etwas Olivenöl dazugeben, damit die Tapenade streichfähig ist.

MELANZANIKAVIAR

2 mittelgroße Melanzani
Thymian, Rosmarin
2 Knoblauchzehen
Salz, Pfeffer,
2 EL Olivenöl
4 EL Crème fraîche
etwas Zitronensaft

Melanzani längs halbieren und mit den Gewürzen einreiben. Mit der Schnittfläche nach unten auf ein Backblech legen und mit Olivenöl beträufeln. Im vorgeheizten Backrohr bei 200° 15 Min. backen. Unter einem feuchten Tuch 10 Min. auskühlen lassen. Melanzani aushöhlen. Fruchtfleisch mit Crème fraîche, Zitronensaft, etwas Olivenöl und Salz zu einer Paste vermischen.

Den Sommerduft einfangen ...

Blumen- und Duft-Potpourris erfreuen sich immer größerer Beliebtheit. Sie sind auch ein wahrer Blickfang und werden als Raumduft in allen Wohnbereichen verwendet. Der betörende Duft des Sommers und die ätherischen Öle der Blüten haben eine beruhigende Wirkung. Damit der Duft für die Deko-Potpourris sich nicht zu früh verflüchtigt, sollte ein Fixiermittel wie Iriswurzel oder Benzoeharz (in der Apotheke erhältlich) untergemischt werden.

Jetzt im Sommer haben wir eine Fülle von Blüten zur Verfügung, die einfach getrocknet und konserviert werden können: von Rosenblättern und Rosenknospen über Lavendel, Zitronenverbenen, Ringelblumen und allen Minzesorten bis hin zu Gewürz- und Alpenkräutern wie dem Johanniskraut.

Die Blüten sollten frühmorgens geerntet und an einem schattigen und luftigen Platz getrocknet werden (nicht in der Sonne, da sonst die Blüten und Blätter verbrennen würden). Die getrockneten Sommerblumen und Blätter eignen sich alle auch für Tees. Mit Blüten zu kochen ist ja nichts Neues. Das kannten schon die Ägypter und Römer. Sie parfümierten ihre Speisen mit allerlei Blüten und Blättern. Heute liegt das wieder voll im Trend. Probieren Sie vielleicht auch einmal ein Risotto, Nudeln, Shakes oder eine Suppe mit Sommerblumen.

JOGHURT-HIMBEER-BECHER mit Baiserhaube

400 g frische Himbeeren
50 g Staubzucker
500 g Naturjoghurt (3,6 %)
3 EL Sauerrahm
125 g Schlagobers
150 g Honig

Himbeeren vorsichtig waschen und mit Zucker marinieren. Obers steif schlagen und mit Joghurt und Sauerrahm sowie der Hälfte des Honigs vermischen.
Die Hälfte der Joghurt-Mischung in gekühlte Gläser füllen. Marinierte Himbeeren und etwas Honig darauf verteilen und wieder mit Joghurt abdecken. Die restlichen Himbeeren auf das Joghurt setzen und mit der Baisermasse bedecken. Baiser mit Staubzucker bestäuben und „abflämmen".

BAISER
75 g Eiklar
(aus 3 Eiern)
75 g Staubzucker
etwas Zitronenschale

Eiklar mit Staubzucker sehr steif aufschlagen und mit der Zitronenschale aromatisieren. In einen Spritzbeutel füllen und in Rosettenform auf die Himbeeren dressieren. Man kann die Rosetten auch auf ein Backblech spritzen und im Rohr bei 50° trocknen lassen.

Himbeeren

Die Himbeere gehört ebenfalls zu den Rosengewächsen. Sie war wildwachsend immer schon in unserer Region heimisch. Im Mittelalter wurde die Himbeere in Klostergärten kultiviert und war als Heilmittel sehr beliebt. Im Althochdeutschen war ihr Name „hintperi", was so viel bedeutete wie „Beere der Hirschkuh". Bereits Anfang des 17. Jahrhunderts hat man rote und gelbe Himbeeren mit Erfolg gezüchtet.

Himbeeren zählen zu den gesündesten Beeren, denn sie haben einen hohen Anteil an Vitamin C, Magnesium, Kalzium usw. Sie sind in fast allen Früchtetees enthalten. Schon sehr früh wurden die Himbeeren getrocknet, damit man sie für den Winter einlagern konnte. Himbeeren sind sehr empfindlich. Sie sollten nicht gewaschen, sondern lediglich kurz in Wasser getaucht werden.

Marillen

Die Marille gehört zu den Rosengewächsen. Ursprünglich stammt sie aus China und aus der südlichen Mongolei. Im 4. Jh. v. Chr. kam die Frucht mit Alexander dem Großen in den Mittelmeerraum. Lucullus brachte sie im 1. Jh. v. Chr. aus Syrien nach Rom und gab ihr den Namen „malus armenica", was so viel bedeutet wie „armenischer Apfel". Und es waren auch die Römer, mit denen diese Köstlichkeit ihren Weg über die Alpen fand.

Die Marille ist wohl eine der wenigen Früchte, die von Europa aus mit den Spaniern nach Amerika gelangte. Heute wird die Marille weltweit kultiviert. Frisch hat die Marille eine relativ kurze Lebensdauer. Aus Marillen werden Schnäpse, Liköre, Marmeladen und Chutneys hergestellt, und die österreichische Küche ist natürlich ohne die beliebten Marillenknödel undenkbar. Damit man das ganze Jahr über Marillen genießen kann, werden die Früchte auch gefroren angeboten.

Joghurt

Wenn man im Sommer von „kühlenden" Lebensmitteln spricht, so muss man die Milch, Milchprodukte und allen voran das Joghurt nennen. Durch die gesunden Milchsäurebakterien hat es eine verdauungsfördernde Wirkung, hilft dem Körper zu entschlacken, hat wertvolle Inhaltsstoffe wie gesundes Eiweiß und Kalzium und eine kühlende Wirkung. Es ist übrigens auch ein altes Hausmittel gegen Sonnenbrand.

Joghurt wird in der Sommerküche vielseitig eingesetzt. Wunderbar eignet es sich für Kaltschalen, Dressings und natürlich auch für leichte Süßspeisen.

Es gibt im Handel eine Vielzahl von verschiedenen Joghurtsorten zu kaufen. Aber vielleicht möchten Sie Ihr ganz persönliches Joghurt selbst herstellen. So können Sie die Zutaten selbst bestimmen und den Geschmack nach Ihren Vorstellungen variieren. Auch auf Zusatzstoffe kann so verzichtet werden.

GRUNDREZEPT
1 l Vollmilch, 2 EL Bauernjoghurt

Milch auf 40° erhitzen und mit 2 EL Joghurt vermischen, luftdicht verschließen und an einem warmen Ort (am besten im Backrohr) mindestens 8 Stunden rasten lassen. Man sollte darauf achten, dass die Temperatur konstant bei 35° liegt. Dann erhält man schnittfestes Joghurt. Die dabei entstehende Molke ist ebenfalls ein äußerst wertvolles Produkt.

MARILLEN-CHILI-CHUTNEY

800 g vollreife Marillen
3 Schalotten, 2 grüne Chilischoten
1 EL Senfkörner
1 TL Ingwer, frisch gehackt
1 Lorbeerblatt
125 g Rohzucker
1/8 l Weißweinessig
(oder milder Apfelessig)
Salz, Muskat und eventuell etwas Wasser

Marillen waschen, entkernen und würfelig schneiden. Chilischoten halbieren, Kerne entfernen und klein schneiden.
Zucker in der Pfanne leicht karamellisieren lassen (ohne zu bräunen), Marillen dazugeben und gut durchrühren. Mit den restlichen Zutaten vermischen und einkochen lassen (ca. 20 Min. auf kleiner Flamme köcheln lassen). Lorbeerblatt entfernen und das Chutney in schöne und saubere Gläser abfüllen. Zur längeren Konservierung müssen die Gläser sterilisiert werden.
Das Chutney schmeckt ausgezeichnet zu Grillgut, zu allen hellen Fleischsorten und zu Fischen.

MARILLEN-ROSEN-MARMELADE

Sie gehören einfach zusammen – Marillen und Rosen –, denn sie sind beide Rosengewächse. Wie viele schwärmen von Omas Marillenmarmelade? Süß und fruchtig – ein absolut sinnlicher Genuss!

3 kg vollreife Marillen
1 kg Gelierzucker 1:3
100 g Rohzucker
4 cl Marillenlikör
Duft-Rosenblätter
(Menge nach Belieben)

Marillen waschen, entkernen und vierteln. In einem größeren Topf den Rohzucker karamellisieren und die Marillen dazugeben. Gut durchrühren. Den Gelierzucker unterheben und zu Marmelade einkochen (10 Min. köcheln lassen). Mit dem Stabmixer die Marillen zerkleinern. Nun die Gelierprobe durchführen. Dafür einen Esslöffel der Marmelade auf ein flaches Teller geben und auskühlen lassen. So kann man die Konsistenz der Marmelade feststellen. Sollte die Marmelade zu flüssig sein, kann man noch Gelierzucker oder Pektin dazugeben und nochmals aufkochen lassen.
Die gewaschenen und klein geschnittenen Rosenblätter in die sehr heiße Marmelade geben, kräftig unterrühren und mit Marillenlikör abschmecken. Marmelade sehr heiß in saubere Gläser füllen und gut verschließen. Gläser im Dampfgarer oder im Wasserbad bei 130° ca. 1/2 Stunde sterilisieren.

Zum Kaffeklatsch bei Oma

... schon der Gedanke daran lässt das Herz höherschlagen ...

MARILLENKUCHEN

*200 g Staubzucker, 120 g Butter
80 g Marzipan, 1 EL Rum
4 Eier
50 g Kristallzucker
Vanillezucker, Prise Zimt
Prise Salz
250 g glattes Mehl
1 TL Backpulver
1/4 l Milch (Zimmertemperatur)
1 kg Marillen*

Marillen waschen und entkernen. Dotter mit Butter, Staubzucker, zerkleinertem Marzipan, Vanillezucker, Zimt und Rum zu einer hellen, schaumigen Masse aufschlagen. Eiklar mit Kristallzucker und einer Prise Salz zu steifem Schnee verarbeiten. Mehl mit Backpulver versieben und abwechselnd mit der Milch unter die Dottermasse rühren. Zum Schluss den steifen Schnee vorsichtig unterheben. Auf ein befettetes und bemehltes Backblech streichen und mit den Marillenhälften belegen. Im vorgeheizten Backofen bei 180° ca. 40 Min. backen.

TIPP:
Plunderteig mit einer Mischung aus Marillenmarmelade und Marzipan bestreichen, dann erst den Teig darauf verteilen und zum Schluss mit den Marillen belegen. Nach dem Backen auskühlen lassen und Baisermasse aufspritzen. Mit Staubzucker bestreuen und „abflämmen" oder bei starker Oberhitze bräunen.

TARTE TATIN AUS MARILLEN

*Blätterteig, tiefgekühlt
1 kg Marillen
2 EL Butter
4 EL Honig
100 g Persipan (oder Marzipan)*

Backform mit Alufolie auslegen, mit Butter bestreichen und den Honig darauf verteilen. Backrohr auf 220° erhitzen und die Backform in den Ofen geben (ca. 4–5 Min.), bis der Honig karamellisiert. Herausnehmen und den Ofen auf 200° zurückschalten. Marillen mit der Schnittfläche auf den Honig legen. Mit ausgerolltem Persipan bedecken und zum Schluss den Blätterteig darüberlegen. Blätterteig mehrmals mit der Gabel einstechen. Tarte im Ofen 25 Min. backen. Danach sofort aus der Form stürzen und erkalten lassen.

TIPP:
Diese Spezialität wird „kopfüber" auf Karamell gebacken. Deshalb muss sie (sofort) gestürzt werden, solange der Zucker bzw. Honig noch flüssig ist. Die Folie dient nur als Hilfe und wird ebenfalls sofort abgezogen.

BIEDERMEIERKAFFEE
Verlängerter oder großer Brauner mit Schlagobers und Marillenlikör

MARILLENFLECK

*200 g Butter
200 g Staubzucker
Vanillezucker, Prise Salz
Prise Zimt
4 Eier
1 TL Backpulver
200 g glattes Mehl
800 g Marillen
gehobelte Mandeln
2 EL Marillenmarmelade
1 EL Marillenlikör*

Zimmerwarme Butter mit Staubzucker, Gewürzen, Vanille und den ganzen Eiern schaumig rühren. Mehl mit Backpulver vermischen und nach und nach unter die Eiermasse rühren. Es sollte einen geschmeidigen Teig ergeben. Teig auf ein mit Backtrennpapier ausgelegtes Backblech streichen und mit den Marillenhälften belegen. Mit Mandeln und etwas Kristallzucker bestreuen und bei 200° ca. 30 Min. backen. Marillenmarmelade mit dem Likör verrühren und erwärmen. Den noch heißen Kuchen damit bestreichen (aprikotieren).

Was ist Persipan?

Marzipan, mit Mandeln als Ausgangsstoff, war ein sehr teures Produkt. Man versuchte deshalb, aus Pfirsich- und Marillenkernen eine günstigere Variante herzustellen. Persipan ist deshalb auch ein „Mischwort" aus Persicus (Pfirsich) und Marzipan. Es hat einen intensiveren Geschmack und wird fast ausschließlich in der Bäckerei verwendet. Es eignet sich auch sehr gut zum Modellieren von Garnituren.

Pfirsiche

Der Pfirsich kommt wie seine Verwandte, die Marille, aus China und gelangte ebenso über Persien in den römischen Bereich. Das zeigt sich auch in der Bezeichnung „Prunus persica", was so viel bedeutet wie „Pflaume aus Persien". Er gehört ebenso zu den Rosengewächsen und hat eine samtige, leicht gerötete Haut. Deshalb spricht man wohl auch im Volksmund von „Pfirsichhaut", wenn man von einem makellosen Teint spricht.
Die Pfirsiche werden in der Küche vielseitig eingesetzt, hauptsächlich aber im Dessert- und Süßspeisenbereich, für Marmeladen und Säfte. Die Pfirsiche sind nicht nur ein süßes, sondern auch ein sehr gesundes Obst. Sie enthalten besonders viel Vitamin A und Vitamin B, versorgen unseren Körper außerdem mit Phosphor, Kalzium, Magnesium und Kalium und weiteren Spurenelementen und haben so eine entwässernde Wirkung.
Weltweit gibt es mittlerweile an die 3000 Pfirsichsorten. Schon im 17. Jahrhundert wurde bei uns der weißfleischige Weinbergpfirsich angebaut. Lange Zeit eher vergessen, erlebte er mit dem In-Getränk Bellini eine Wiederentdeckung.

PFIRSICH-BOWLE – ein echter Sommerklassiker

500 g vollreife Pfirsiche
125 g Zucker
2 Limetten
2 Zitronen
8 cl Pfirsich-Sirup
0,75 l Roséwein oder gelber Muskateller
0,75 l Schlumberger White Secco
0,75 l Mineralwasser

Pfirsiche waschen und entkernen. Zuerst in Spalten und dann in Scheiben schneiden. Mit dem Zucker, Pfirsich-Sirup, Zitronensaft und Limettensaft vermengen und für 1 Stunde ziehen lassen. Mit White Secco, Roséwein und Mineralwasser aufgießen.
In schöne, gekühlte Gläser füllen und mit fein geschnittenen Minzeblättern servieren.
Das Glas kann man auch noch mit einer Dekorhippe bedecken.

Da die Pfirsiche zu den Rosengewächsen gehören, sehen Roseneiswürfel in der Bowle besonders schön aus. Rosenblätter in Eiswürfelbehälter geben und mit Wasser auffüllen. Gefrieren lassen.

Was wäre ein Sommernachtstraum ohne eine Bowle?

Schlägt man im Wörterbuch nach, so erfährt man, dass die Bowle ein kaltes, aromatisches Getränk für festliche Anlässe ist. Sie besteht meist aus Wein, Sekt oder Champagner, Früchten und Gewürzen.

PFIRSICH-TRILOGIE

WEISSES PFIRSICHMOUSSE MIT PFIRSICHRAGOUT

1/4 l Schlagobers
4 Bl. Gelatine
5 Weinbergpfirsiche
80 g Zucker
etwas Zitronensaft
2 cl Pfirsichlikör

Weinbergpfirsiche blanchieren und die Haut abziehen. Entkernen, vierteln und gemeinsam mit dem Zucker im Mixer zu einem feinen Püree verarbeiten. Schlagobers steif schlagen. Gelatine einweichen, ausdrücken und in erwärmtem Likör auflösen. Unter das Püree rühren und das steif geschlagene Obers unterziehen.

PFIRSICHRAGOUT

6 Pfirsiche
100 g Zucker
1 EL Butter
4 cl Pfirsichlikör

Pfirsiche blanchieren und die Haut abziehen. Pfirsiche entkernen und in kleine Würfel schneiden. Butter in einem Topf erhitzen und den Zucker einrühren. Kurz karamellisieren lassen und die Pfirsiche dazugeben. Mit Likör parfümieren und kurz einkochen lassen.

In gekühlte Gläser abwechselnd Püree und Mousse einfüllen. Kalt stellen.

GEFÜLLTE PFIRSICHHÄLFTEN MIT TOPFENCREME

4 vollreife Pfirsiche
2 EL Honig
4 cl Marsala
2 cl Pfirsichsaft
2 cl Pfirsichschnaps
125 g Topfen
120 g Mascarpone
100 g Staubzucker
Vanillezucker

Pfirsiche halbieren und entkernen. Honig in einer Pfanne erhitzen und die Pfirsiche mit der Schnittseite nach unten auf den heißen Honig legen. Mit Marsala und Pfirsichsaft ablöschen, kurz aufkochen lassen und vom Herd nehmen. Zugedeckt 10 Min. rasten lassen.
Topfen mit Mascarpone, Staubzucker, Vanillezucker und Pfirsichschnaps gut verrühren. In den Spritzsack füllen und in die ausgekühlten Pfirsichhälften spritzen.

PFIRSICH-TOPFEN-KNÖDEL

4 Pfirsiche, klein gewürfelt und in 80 g Kristallzucker karamellisiert
100 g Semmelbrösel
300 g passierter Topfen (40 % Fett)
3 Eier
30 g Butter
50 g Staubzucker
1 cl Rum
Vanillezucker oder etwas Mark der Vanilleschote
Zimt, Salz, Vanille und Zitronenschale für das Kochwasser

Eier mit handwarmer Butter, Vanillezucker und Zucker schaumig rühren. Rum und Topfen unterheben und so viel Semmelbrösel dazugeben, dass die Masse nicht mehr „klebt". Sie darf aber auch nicht zu fest sein. Kleine Knödel formen, mit dem Daumen eine Vertiefung eindrücken und mit den Pfirsichwürfeln füllen. Knödel wieder gut verschließen. Etwa 3 Liter Wasser mit Zimt, Salz, Vanille und Zitronenschale aufkochen lassen. Die Knödel darin 8–10 Min. wallend ziehen lassen. Herausnehmen, kurz abtropfen und in Mandelbröseln wälzen. Sofort mit etwas Nussbutter (brauner Butter) servieren.

MANDELBRÖSEL
1 EL Butter in einer Pfanne mit 50 g Weißbrotbröseln, 50 g geriebenen Mandeln und mit 1 EL Zucker anrösten.

ACHTUNG: Die Brösel sollten nicht zu braun werden.

Herbstspaziergang
September | Oktober

Wenn die Natur „in Flammen steht ..."

„Herbst" bedeutete ursprünglich pflücken und sammeln. Tatsächlich entführt uns die Natur nun ins Schlaraffenland. Alles können wir in vollen Zügen genießen – die warme und sanfte Spätsommersonne, Obst und Gemüse sonnengereift und in Hülle und Fülle, farbenprächtige Wälder – und alle Wanderer schätzen nun die atemberaubende Fernsicht.

September

Der September ist der neunte Monat nach dem gregorianischen Kalender. Sein Name leitet sich allerdings vom lateinischen „septem" (sieben) ab. Im römischen Kalender war der September der siebente Monat des Jahres. Nach der Reform wurde der Name aber beibehalten.

Historische Namen für den September sind auch Scheitling, Herbstmond, Holzmonat oder Unkrautmonat. Sie bezeichnen meist die bäuerlichen Tätigkeiten in dieser Zeit des Jahres. Eigentlich müsste man noch „Wandermonat" hinzufügen. Gerade jetzt ist das Wandern in den Bergen nicht nur wegen der wunderbaren Fernsicht ein Genuss.

Am 23. September ist die Tagundnachtgleiche, offizieller Herbstbeginn.

„Wo Augen und Sinne sich öffnen und der Lärm der Welt draußen bleibt!"

Altweibersommer oder Spätsommer

Spätsommer in atemberaubend schöner Stimmung. Warme, angenehme Temperaturen, tiefblauer Himmel, wunderbar bunte Herbstfärbung der Wälder. Zu verdanken haben wir dieses Phänomen den warmen Tagen und den bereits kühlen und klaren Nächten. Der Name Altweibersommer leitet sich vom althochdeutschen Wort „weiben" her, was so viel bedeutet wie weben. Damit sind die Fäden der Spinnen gemeint, die verstärkt im Herbst ihre Netze weben. Durch die kühlen Nächte bilden sich Tautropfen, die dann bei den ersten Sonnenstrahlen die Fäden silbern schimmern lassen. Sie erinnern an glänzendes altes Frauenhaar – auch eine Erklärung für den Begriff.

Traditionell ist jetzt die Zeit der Erntedankfeste und verschiedenen bäuerlichen Brauchtums, das direkt mit der Ernte in Verbindung steht (Polentafeste, Speckfeste usw.). Mitte September beginnt in München das berühmte Oktoberfest.

Oktober

Der Oktober ist der zehnte Monat des Jahres nach dem gregorianischen Kalender. Die Bezeichnung Oktober stammt vom lateinischen „mensis october" und bedeutet achter Monat („octo" = acht). Mit der Kalenderreform durch Julius Cäsar im Jahr 46 v. Chr. wanderte der Oktober an die zehnte Stelle. Trotz der Verschiebung ist es bei dem Namen geblieben. Alte Namen waren etwa noch Gilbhart („gilb" = die Gelbfärbung des Laubes), Dachsmond und – wen wundert's – Weinmonat. Viele Erntedank- und Weinfeste prägen diesen Monat. Den Auftakt zum „goldenen Herbst" geben nicht nur die Almabtriebe, die Senner- und Erntedankfeste, sondern auch viele gesellschaftliche Veranstaltungen rund um die Lese und den Wein im Allgemeinen.

Kulinarisches Freilandfinale

Der Herbst bittet zum kulinarischen Freilandfinale und überrascht mit einem farbenprächtigen Bühnenbild. Jetzt beginnen die Lesen, die Erntedankfeste und die Zeit zum Einmachen und Einwintern. Vieles ist verwertbar – egal ob als Lebens- und Nahrungsmittel oder auch für stimmungsvolle Dekorationen.
Jäger- und Sammlerinstinkten kann man nun nach Herzenslust freien Lauf lassen.
Schon beeindruckend, was man allein bei einem Herbstspaziergang alles mit nach Hause nehmen kann ...

Obst
Äpfel, Birnen, Brombeeren, Feigen, Granatäpfel, Hagebutten, Haselnüsse, Schwarzbeeren, Holunderbeeren, Mandeln, Pfirsiche, Pflaumen, Zwetschgen, Quitten, Preiselbeeren, Trauben, Vogelbeeren, Walnüsse

Blüten
Astern, Dahlien, Johanniskraut, Kamille

Gemüse
Auberginen, Karfiol, alle Arten von Bohnen, Fenchel, Herbstrüben, Kartoffeln, Knollensellerie, eine Vielzahl von Kürbissen, Lauch, Maronen, Mais, Meerrettich, Paprika, Pastinaken, Romaneskoröschen, Peterwurzen, Rettiche, Rote Rüben, Rotkraut, Schwarzwurzeln, Spitzkohl, Tomaten, Topinambur, Weißkraut, Kohl, Winterspinat, Zucchini, Zwiebeln, alle Getreidesorten (von Hafer bis Gerste), Chicorée, Eichblattsalat, Endivie, Feldsalat, römischer Salat, roter Blattsalat, Winterportulak

Pilze
Herbsttrompeten, Steinpilze, Maronen, Bärentatzen, Eierschwammerln, weiße Herbsttrüffel

Fleisch
Schaf, Fasan, Gämse, Hirsch, Mufflon, Reh, Steinbock, Wildente

Fisch
Hecht, Huchen, Karpfen, Waller

Herbstinszenierung

Abgelegene Wiesen und Wälder durchstreifen – genießen Sie diese besonderen Augenblicke abseits des Scheinwerferlichts.
Nicht immer und überall erreichbar zu sein gehört schon zu den letzten Luxusgütern unserer Zeit. Wie hört sich Stille an? „Entschleunigen" – ein wohl viel strapaziertes Wort der modernen Gesellschaft. Gehen wir ganz bewusst einen Schritt zurück, lernen wir wieder, die traumhafte Natur und unsere Umgebung zu schätzen. Sie haben so viel zu bieten. Viele Dinge haben ein neues Gesicht, wenn wir sie aus einem anderen Blickwinkel betrachten. Die milde Spätsommersonne taucht die Landschaft in ein zauberhaftes, fast sanftes Licht. Lassen Sie den „Sammlerinstinkten" freien Lauf, und halten Sie beim nächsten Herbstspaziergang Ausschau nach allem, was man für ein Herbstgesteck oder einen Herbststrauß gebrauchen kann. Nicht alle Beeren sind auch genießbar, aber als Dekoelement versprühen sie einen anziehenden Charme.

Haben Sie schon gewusst ...
dass nicht alles, was wir Beeren nennen, auch Beeren sind? Brombeeren, Himbeeren und Erdbeeren sind eigentlich Sammelfrüchte. Der Zierapfel und die Dattelfrüchte sind Steinfrüchte, die Hagebutte ist hingegen eine Scheinfrucht. Auch die Holunderbeeren sind keine Beeren, sie gehören zu den Moschuskrautgewächsen.
Zu den „echten" Beeren zählen allerdings die Schwarzbeere (Heidelbeere), Johannisbeere, Eberesche und der Wilde Wein.

Beerenstark

Alle Jahre wieder überraschen uns der Spätsommer und der Herbst mit einer Fülle von wohltuenden Wild- und Gartenbeeren. Von den Johannis- und Vogelbeeren über die Holunder- und Stachelbeeren bis hin zu den Brombeeren bereichern sie unseren Speiseplan. Ich möchte Ihnen nun die Brombeere im Besonderen vorstellen.

Die Brombeere zählt ebenso zu den Rosengewächsen wie die Himbeere. Sie war immer schon in der gemäßigten Zone beheimatet. Die blauschwarzen Früchte wurden schon in der Steinzeit genossen, und in der Antike galt die Brombeere als fiebersenkendes, blut- und magenreinigendes Heilmittel. Reich an Folsäure, Magnesium, Kalium, Kalzium, Vitamin B und Vitamin C, ist die kleine Beere ein echtes Wundermittel. Die Blätter der Brombeere werden getrocknet und als Heiltee, der außerdem auch noch nach Rosen duftet, gegen Heiserkeit eingesetzt. Relativ spät – erst im 19. Jahrhundert – begann man, die Brombeere zu kultivieren.

Alle Beeren sollten reif geerntet werden, da diese Früchte nicht nachreifen. Deshalb sollte man auch die Brombeeren erst pflücken, wenn sie ganz dunkel sind und fast schon von selbst abfallen. Heute gibt es ebenso wie bei den Himbeeren eine Vielzahl von Sorten. Die wohlschmeckendste ist und bleibt aber die Wild-Brombeere.

BROMBEER-CRUMBLE und BROMBEER-AMARETTO-CREME

500 g frische Brombeeren
300 g Äpfel
120 g handweiche Butter
150 g Staubzucker
100 g Mehl
60 g fein gehackte Haselnüsse
1 TL Zimt

Butter, Zucker, Mehl, Haselnüsse und Zimt zu einem Streuselteig verarbeiten. Äpfel vierteln, entkernen und in kleine Würfel schneiden. Gemeinsam mit den Brombeeren in mit flüssiger Butter ausgestrichene Weckgläser oder auch in kleine Auflaufformen geben. Mit Streuseln bedecken und im vorgeheizten Ofen bei 170° ca. 30 Min. backen.
Noch lauwarm mit Vanilleobers und frischen Brombeeren servieren.

BROMBEER-AMARETTO-CREME

600 g frische Brombeeren (oder auch TK)
100 g Staubzucker
6 cl Cassislikör (Likör von den schwarzen Johannisbeeren)
125 g Joghurt
250 g Mascarpone
100 g Mandelmakronen (Amarettinis)
125 g Schlagobers
2 TL Vanillezucker
etwas Mark von der Vanilleschote

Brombeeren mit Zucker und Cassislikör kurz aufkochen lassen. Auskühlen und die Hälfte in vorbereitete Gläser füllen. Amarettinis zerbröseln und auf das Brombeergelee verteilen. Joghurt mit Mascarpone verrühren und die restlichen Brombeeren vorsichtig unterheben (wenn die Creme leicht marmoriert ist, gibt das optisch ein sehr schönes Bild). Creme ebenfalls in die Gläser füllen und kalt stellen.
Vor dem Servieren noch mit Vanilleobers und frischen Früchten ausgarnieren.

SPÄTSOMMER im Glas

Jetzt gibt es alles im Überfluss – sonnengereift und mit der Süße des Sommers.

Zucker – vom Luxusgut zum allgemeinen Konsumprodukt

Der Ursprung des Zuckerrohrs war vermutlich Ostindien. Es gelangte über Persien in den nordafrikanischen Raum und auf die Kanarischen Inseln. Bei den Persern ist bereits um ca. 600 n. Chr. die sogenannte Hutreinigungsmethode zur Gewinnung weißen Zuckers bekannt.
Mit Christoph Kolumbus fand schließlich das Zuckerrohr den Weg nach Hispaniola. Damals war Zucker extrem selten und teuer. Er wurde genauso wie Salz mit Gold aufgewogen.
In Mitteleuropa setzte sich aber der Anbau der Zuckerrübe durch. Eher zufällig entdeckte der Naturwissenschaftler Andreas Sigismund Marggraf 1747 die Zuckerrübe als „Zuckerpflanze".
Es folgten viele Versuche, das zuvor sehr schwierige Produktionsverfahren zu vereinfachen, und einen ganz wesentlichen Beitrag dazu leistete Johann Christian Waykarth. 1830 gab es in der Monarchie bereits an die 19 Zuckerfabriken, und mit der industriellen Zuckergewinnung ab 1850 fiel auch der Preis. Damit wurde Zucker vom reinen Luxusgut zum allgemeinen Konsumprodukt.
Zucker ist aus der österreichischen Mehlspeisküche nicht wegzudenken, und weltweit ist Zucker in der Patisserie einer der Hauptdarsteller.
Zucker mildert Säure, verstärkt den Eigengeschmack der Lebensmittel und wird zur Konservierung von Früchten verwendet (Marmeladen und Kompotte). Hier kann auf chemische Zusätze gänzlich verzichtet werden.

Im Handel gibt es mittlerweile auch eine größere Anzahl an Zuckersorten.

KRISTALLZUCKER ist raffinierter Rübenzucker mit gleichmäßiger Körnung. Er ist der meistverwendete Zucker und bildet auch die Basis für Staub- und Puderzucker.

BRAUNER ZUCKER ist ebenso ein Produkt der Zuckerrübe. Das Karamellaroma erhält er durch die Zugabe von Zuckersirup. Der Rohzucker wird nicht gebleicht.

KANDISZUCKER: Zuckerlösungen werden langsam erhitzt, bis sie kristallisieren. Dadurch entstehen die kleinen „Zuckersteine". Je nach Zugabe von gebräuntem bzw. karamellisiertem Zuckersirup erhält man die verschiedenen Färbungen.

ROHRZUCKER: Wie der Name schon sagt, ist der Ausgangsstoff das Zuckerrohr. Er unterscheidet sich von anderen Zuckersorten lediglich durch die goldgelbe Farbe. Der Vollrohrzucker ist die Vorstufe vom Rohrzucker, es handelt sich dabei um den lediglich getrockneten Zuckerrohrsaft.

BLÜTENZUCKER: Die Basis bildet dafür normalerweise nur der herkömmliche Kristallzucker. Alle essbaren Blüten können hier verwendet werden. Besonders beliebt sind natürlich Duftblüten wie Rosen, Veilchen, Flieder und Lavendel.
Selbst hergestellte Blütenzucker, in einem schönen Glas abgefüllt, sind ein wertvolles und beliebtes Geschenk.

AROMAZUCKER: Staubzucker und Puderzucker kommen hier zum Einsatz. Das Aroma geben Vanille, Zimt, Kardamom, getrocknete Minze, Thymian und verschiedene Almkräuter.
Die Herstellung von Vanillezucker wird im Kapitel „Kaminfeuer" beschrieben.

MINZEZUCKER:
50 g getrocknete Pfefferminze oder Zitronenmelisse
150 g Staubzucker

Getrocknete Kräuter im Mixer sehr fein pürieren und durch ein Sieb streichen. Mit dem Staubzucker vermischen. In Gläser abfüllen und gut verschließen.

Wohltuender Luxus ...

Vor der Erfindung des Kühlschranks hatte wohl jeder Haushalt eine „Speis" oder Vorratskammer. Heute noch gehen ein ganz besonderes Flair und auch ein wenig Nostalgie von jenen Räumen aus, in denen vielerlei Köstlichkeiten aufbewahrt werden. Was früher eine eher aufgezwungene Tätigkeit war, ist heute wohltuender Luxus – das Selbermachen von Marmeladen, Chutneys und Gelees.
Nehmen Sie sich Zeit für Raritäten!
Im Prinzip geht es ja ganz einfach und braucht nicht viel: frische Früchte, Zucker, Gewürze und gut verschließbare Gläser. So können Sie den Sommer für Monate konservieren und in den kalten Wintermonaten portionsweise genießen.

BEMERKENSWERT: Erfunden hat das Einkochen (Haltbarmachen der Lebensmittel durch Hitze) vermutlich Denis Papin. Er versuchte, Kochfleisch in mit Kitt verschlossenen Kupfertöpfen zu konservieren. Napoleon setzte für derartige Erfindungen sogar einen Preis aus. Der Gewinner war 1810 Nicolas Appert. Er hatte durch viele Experimente herausgefunden, dass Lebensmittel in geschlossenen Behältern durch Erhitzen auf 100° haltbar gemacht werden können.
Der deutsche Chemiker Rudolf Rempel erfand die Gläser, die mit Deckeln, Gummiringen und Metallbügeln verschlossen werden. Nach seinem Tod erwarb Johann Carl Weck 1893 dieses Patent.
Die Begriffe „einwecken" und „Weckgläser" haben sich bis heute gehalten.

PFIRSICH-MARACUJA-MARMELADE

2,5 kg vollreife Pfirsiche
8 Maracujas
1 unbehandelte Orange
(Saft und Schale)
2 Zitronen (Saft und Schale)
850 g Gelierzucker (3:1)

Pfirsiche in heißem Wasser blanchieren und kurz in Eiswasser tauchen. So lässt sich die Schale leicht abziehen. Pfirsiche halbieren, Stein entfernen und das Fruchtfleisch in Würfel schneiden. Maracujas halbieren und das Fruchtmark mit den Pfirsichen in einen hohen Topf geben. Orange und Zitronen heiß waschen, trocknen und die Schale abreiben. Zitrusfrüchte auspressen. Schale und Saft gemeinsam mit dem Gelierzucker in den Topf geben. Alles unter ständigem Rühren 5–7 Min. sprudelnd kochen lassen. Einen Esslöffel Marmelade zur Gelierprobe auf ein kaltes Teller geben. Sollte die Marmelade nach ein paar Minuten nicht fest werden, noch weitere 2–3 Minuten kochen lassen.
Marmelade in vorbereitete Gläser füllen und fest verschließen. Gläser auf den Kopf stellen und auskühlen lassen.

BEEREN(STARKER) MIX

1,5 kg Beeren (Schwarzbeeren, Johannisbeeren, Hollerbeeren etc.)
2 Bio-Orangen (Saft und Schale)
1 TL Zimt
500 g Gelierzucker

Beeren vorsichtig waschen und gemeinsam mit dem Gelierzucker, Zitronenschale und Zitronensaft für 5–7 Min. sprudelnd kochen lassen. Nach der Gelierprobe in die vorbereiteten Gläser füllen und gut verschließen. Auf den Kopf stellen und so auskühlen lassen.

GELEE AUS STACHELBEEREN UND WEINTRAUBEN

250 g rötliche Stachelbeeren
250 g kernlose Trauben
100 g Rohzucker
1/4 l Muskateller
1/4 l roter Traubensaft
Prise Zimt
1 Sternanis
50 g Vanillepuddingpulver

Stachelbeeren und Weintrauben waschen und eventuell halbieren. Zucker in einem Topf karamellisieren und die Beeren dazugeben. Kurz durchrösten und mit Wein und Apfelsaft aufgießen. 7–8 Minuten köcheln lassen. Vanillepudding mit etwas Flüssigkeit glatt verrühren und in die heiße Masse einrühren. Unter ständigem Rühren aufkochen lassen (bis die Masse klar ist), auskühlen und in Gläser füllen.
Schmeckt wunderbar zu Parfait, Eis, Panna cotta oder auch zu Naturjoghurt.

Stachelbeeren sind in letzter Zeit eher seltener auf dem Markt zu finden. Vielleicht gehören Sie zu den Glücklichen, die selbst einen Strauch im Garten haben. Stachelbeeren sind richtige „Kraftpakete". Sie enthalten reichlich Vitamin C, Provitamin A, Kalium, Kalzium und Phosphor. Wer den süßsäuerlichen Geschmack der reifen Stachelbeeren einmal genossen hat, wird sicher begeistert sein.

TIPP: Dieses Gelee eignet sich auch hervorragend, um frische Palatschinken (Pfannkuchen) zu füllen.

Echte „Hochstapler" in der Speisekammer

Man könnte schon allein rund um die Marmeladen und Chutneys ein eigenes Buch verfassen, denn jeder kennt und liebt diese Köstlichkeiten. In vielen Variationen auch im Handel erhältlich, sind doch die eigenen Produkte die wirklichen „Glücksbringer". Sehr gerne erinnert man sich an Omas Kochkünste und an ihre hausgemachten Marmeladen. Auch mir ist noch eine Rarität aus Omas Speisekammer in schönster Erinnerung geblieben.

APFEL-HAGEBUTTEN-MARMELADE

500 g Hagebutten
500 g Lavantaler Bananenapfel
1/8 l Rotwein
1/8 l Apfelsaft
500 g Gelierzucker (2:1)
1 Zitrone (Saft und Schale)
Prise Neugewürz
Prise Salz
Prise Zimt

Hagebutten waschen und halbieren, Kerne sorgfältig entfernen. Äpfel vierteln, das Kerngehäuse herauslösen und die Apfelspalten in dünne Scheiben schneiden. Früchte gemeinsam mit dem Apfelsaft, Rotwein, Gewürzen und Gelierzucker 10 Min. sprudelnd kochen lassen. Mit dem Stabmixer pürieren, anschließend die Marmelade durch ein Sieb streichen und nochmals kurz aufkochen lassen. Noch heiß in vorbereitete Gläser füllen und gut verschließen.

BEMERKENSWERT: Der Lavantaler Bananenapfel ist eine sehr alte Sorte. Schon lange bevor die Bevölkerung hier die Bananen kennenlernte, genoss sie den Apfel mit „Bananengeschmack".

TAFELSPITZ-KÄFERBOHNEN-SALAT
unter der Kürbismousse

200 g gekochter Tafelspitz
1 kl. rote Zwiebel
30 g Essiggurken
150 g Käferbohnen
Salz, Pfeffer aus der Mühle
Prise Zucker, frischer Thymian
Kürbiskernöl, Rotweinessig

Tafelspitz und Essiggurken in kleine Würfel schneiden. Zwiebel fein hacken, Käferbohnen halbieren. Kernöl mit Rotweinessig aufschlagen und würzen. Alle Zutaten miteinander vermischen und in Gläser portionieren.

KÜRBISMOUSSE

100 g Muskatkürbis
Salz, Pfeffer, Muskatnuss
100 g Ricotta, 100 g Schlagobers
3 Bl. Gelatine
2 cl weißer Portwein

Kürbis schälen und weich kochen. Abseihen und mit den Gewürzen fein mixen. Obers steif schlagen, gemeinsam mit dem Ricotta mit der Kürbiscreme verrühren. Eingeweichte Gelatine gut ausdrücken und mit etwas weißem Portwein auflösen. Zügig unter die Mousse heben. Masse in einen Dressiersack füllen und auf den Tafelspitzsalat dressieren. Mit Kürbischips, gerösteten Kürbiskernen und frischem Thymian ausgarnieren.

KÜRBISCHIPS

Kürbis schälen und mit der Aufschnittmaschine in feine Scheiben schneiden. Auf ein Backtrennpapier oder eine Silikonmappe legen und im Rohr bei 60° trocknen lassen.

KÜRBISGNOCCHI mit Kürbiskernpesto und geräuchertem Ricotta

250 g mehlige Kartoffeln
750 g Muskatkürbis
2 Eier
200 g Mehl
Salz

Muskatkürbis halbieren und die Kerne herauslösen. Salzen und im heißen Rohr bei 160° 2,5 Stunden garen. Auskühlen lassen und das Fruchtfleisch aus der Schale lösen. Durch diese Garmethode wird der Kürbis aromatischer und nicht verwässert. Fruchtfleisch pürieren.
Kartoffeln weich kochen, schälen und durch die Presse drücken. Noch warm mit Butter, Mehl, Eiern und dem Kürbispüree zu einem glatten Teig verarbeiten. Sollte der Teig zu weich sein, noch etwas Mehl dazugeben.
Teig zu fingerdicken Rollen formen, 3 cm lange Stücke abschneiden und mit dem Gabelrücken eindrücken. Mit Mehl bestäuben und 1/2 Stunde rasten lassen. Reichlich Salzwasser zum Kochen bringen und die Gnocchi 5 Min. darin ziehen lassen, bis sie an die Oberfläche „schwimmen".

KÜRBISKERN-PESTO

100 g geröstete und gehackte Kürbiskerne
3 gehackte Knoblauchzehen
80 g Pinienkerne
80 g geriebener Parmesan
1/8 l Olivenöl
Salz

2 Tomaten
2 EL Butter
2 EL Olivenöl
120 g geräucherter Ricotta

Kürbiskerne mit Knoblauch, Pinienkernen und Parmesan im Mixer pürieren.
Das Olivenöl langsam dazugeben. Die zähflüssige Paste mit Salz und Pfeffer abschmecken und in saubere, gut verschließbare Gläser füllen.

2 Tomaten blanchieren, häuten und entkernen. Das Fruchtfleisch in Streifen schneiden und mit 2 EL Butter und 2 EL Olivenöl glacieren. Die Gnocchi dazugeben und gut durchschwenken. Pesto mit etwas heißem Wasser verrühren und unter die Gnocchi heben.
In vorgewärmten Tellern anrichten und mit geräuchertem Ricotta bestreuen.

Kürbis – weltgrößte Beere

Kaum ein Gemüse wird so sehr mit dem Herbst verbunden wie der Kürbis. Ob länglich, flaschenförmig, turbanähnlich oder rund, ob orange, bräunlich, weiß, gelb, grau oder grünlich – die Sortenvielfalt ist wirklich beeindruckend. Von der größten Beerenfrucht der Welt zählt man heute an die 850 verschiedene Sorten und die meisten davon sind Speisekürbisse.

Der Kürbis zählt zu den ältesten Gemüsesorten der Welt und ist eine indianische Kulturpflanze. Nach Europa gelangte er mit den spanischen Seefahrern. Wurde früher der Kürbis lange Zeit als Tierfutter verwendet, so mauserte er sich in unseren Tagen zur saisonalen Delikatesse. Er ist auch unglaublich gesund, ist er doch reich an Vitamin A, C, D und auch E. Neben Kalium und Kalzium enthält der Kürbis Zink und weitere Spurenelemente. Da er einen sehr hohen Wasseranteil hat (90 %), ist er kalorienarm (20 kcal auf 100 g) und auch in der Diätküche gut verwendbar. Der Kürbis hat eine verdauungsfördernde Wirkung und stärkt nebenbei auch das Immunsystem.

Der Kürbis ist ein unkompliziertes Gemüse. Er wächst eigentlich überall, und richtig gelagert hält er mehrere Monate.

GEFÜLLTE FASANENBRUST
auf Herbstgemüse-Tatar und Holunderjus mit Kartoffel-Kernöl-Espuma

2 Fasanenfilets
2 Gänselebern

GEMÜSETATAR
80 g Karotten
80 g Pastinaken
60 g Sellerie
80 g Hokkaidokürbis
100 g Frischkäse
2 Knoblauchzehen
3 EL Olivenöl
Salz, Pfeffer aus der Mühle, Zitronenzesten von einer halben Bio-Zitrone, frischer Thymian

Gemüse in kleine Würfel schneiden, in eine Kasserolle geben, mit Thymian bestreuen und mit Olivenöl beträufeln. Kasserolle mit Alufolie abdecken. Das Gemüse im Ofen bei 180° 30 Min. schmoren lassen.
Olivenöl im Topf erhitzen, fein gehackte Knoblauchzehen darin anschwitzen und das geröstete Wurzelgemüse dazugeben – das Gemüse sollte noch bissfest sein. Mit Salz, Pfeffer, Zitronenzesten und Thymian abschmecken.
Gänseleber zuputzen. Fasanenbrüste seitlich einschneiden und mit der Gänseleber füllen. Mit Zahnstocher schließen und in heißem Olivenöl rundum anbraten. Im vorgeheizten Backofen bei 80° 7–8 Min. fertig garen.

HOLUNDERJUS

2 Schalotten
1 EL Rohzucker
4 cl Rotwein
2 cl Portwein
1/8 l Kalbsfond
2 EL Holunderbeerengelee
Salz, Pfeffer aus der Mühle, Thymian
3–4 Nadeln Rosmarin
1 TL roter Balsamico
1 EL Maisstärke (Maizena)

Schalotten schälen und klein schneiden. In etwas Olivenöl anrösten und mit Zucker karamellisieren. Mit Rot- und Portwein ablöschen und auf die Hälfte einkochen (reduzieren). Kalbsfond und Gewürze dazugeben und nochmals einkochen. Holunderbeerengelee und roten Balsamico einrühren. Abschmecken und eventuell mit Maisstärke etwas eindicken.

KARTOFFEL-KÜRBISKERNÖL-ESPUMA

2 Schalotten
150 g mehlige Kartoffeln
1/4 l Schlagobers
1/2 l Milch
6 cl Kürbiskernöl

Kartoffeln kochen, schälen und durch die Presse drücken. Schalotten schälen, klein schneiden und mit etwas Olivenöl glasig anrösten. Mit Milch und Schlagobers aufgießen. Kartoffelpüree dazugeben und 5 Min. köcheln lassen. Mit dem Stabmixer aufmixen und durch ein feines Sieb gießen. Würzen und mit dem Kernöl abschmecken. Noch warm in die ISI-Espuma-Flasche füllen.

GEBRATENER WALLER
auf Kartoffelgulasch

Kartoffeln schälen und in kleine Würfel schneiden (1 cm). Paprika waschen und ebenfalls in kleine gleichmäßige Würfel schneiden, Jungzwiebel in Ringe schneiden.
Zwiebel und Knoblauch fein hacken und in 2 EL Olivenöl goldgelb anrösten. Kartoffeln, Paprika und Tomatenmark dazugeben und kurz weiterrösten. Mit Suppe aufgießen und aufkochen lassen. Nach ca. 5 Min. Kochzeit die Paprikawürfel, Gewürze und die Jungzwiebeln ins Gulasch geben und zugedeckt fertig garen. Dabei öfters umrühren. Eventuell noch mit 2 EL Crème fraîche binden.
Wallerfilet waschen und mit Küchenkrepp trocken tupfen. Würzen, mit Zitronensaft beträufeln und mit Mehl bestäuben. Öl in der Pfanne erhitzen und das Wallerfilet 2 Min. auf jeder Seite scharf anbraten. (Fischfilet sollte in der Mitte noch glasig sein.)
Gulasch in tiefen Tellern anrichten, gebratenes Wallerfilet daraufsetzen und mit frittierten Blättern oder Kürbisstroh garnieren.

800 g Wallerfilet
Salz, Pfeffer aus der Mühle
Zitronensaft
1 EL Mehl
Kräuteröl zum Braten

KARTOFFELGULASCH
500 g festkochende Kartoffeln
100 g Zwiebeln
20 g edelsüßer Paprika
1 EL Tomatenmark
1/2 l Rindsbouillon oder Gemüsefond
80 g Jungzwiebeln
80 g roter Paprika
80 g gelber Paprika
Salz, Pfeffer aus der Mühle
Thymian, Majoran, Oregano

SCHAUMSUPPE VON DER ZWIEBEL
mit Lauchstrudel

300 g Zwiebeln
2 EL Öl
1 EL Zucker
Salz, Pfeffer
1/8 l fruchtiger Weißwein
(Chardonnay oder
Grüner Veltliner)
1/2 l Gemüsebouillon
2 cl Cognac
1/4 l Schlagobers
2 EL Crème fraîche

Zwiebeln schälen und klein schneiden. Öl in großem Topf erhitzen und die Zwiebeln darin goldgelb anrösten. Mit Zucker karamellisieren, mit Wein und Suppe aufgießen und eine halbe Stunde zugedeckt köcheln lassen. Würzen und das Obers dazugeben. Mit dem Stabmixer fein pürieren und vor dem Servieren nochmals mit Crème fraîche aufschäumen. Aufkochen lassen.

LAUCHSTRUDEL
2 Strudelblätter
(tiefgekühlt)
3 EL Butter
1 Ei
250 g Lauch
50 g gut durchzogener
Speck
1 TL Öl
Salz, Pfeffer, Muskat
40 g geriebener Gouda

Lauch waschen und in feine Ringe schneiden. Speck in dünne Scheiben und danach in Streifen schneiden. Öl in einer Kasserolle erhitzen und zuerst den Speck anbraten und danach den Lauch anrösten. Würzen und überkühlen lassen. Geriebenen Gouda (wer es würziger haben möchte, nimmt Emmentaler) unter die Lauchmasse mischen.
Strudelblätter auftauen, Butter erwärmen und ein Strudelblatt damit einstreichen und das zweite darüberlegen und nochmals dünn mit flüssiger Butter bestreichen.
Lauchmasse auf dem Strudelblatt verteilen, die Enden einklappen und den Strudel fest einrollen. Mit gesprudeltem Ei bestreichen und im vorgeheizten Backrohr bei 180° goldgelb backen.
Noch lauwarm zur heißen Suppe reichen.

TIPP: Eventuell mit Lauchstroh ausgarnieren. Dafür Lauch in sehr dünne Streifen schneiden. In heißem Fett frittieren und auf Küchenkrepp abtropfen und trocknen lassen.

GEBRATENE WILDENTE
mit Oliven, Feigen und Melanzani-Polenta-Auflauf

1 Ente (frisch, küchenfertig, 2,5 kg)
500 g Schalotten
1 Knoblauchknolle
Salz, Pfeffer aus der Mühle
4 Wacholderbeeren
1 Lorbeerblatt
2 EL roter Balsamico
Rosmarin und eventuell
5 frische Salbeiblätter

ENTENFOND
Abschnitte von der Ente
1 Bund Wurzelwerk
(je 150 g Sellerie, Karotten, Lauch, Petersilienwurzel)
1 Zwiebel
3 EL Maiskeimöl
Salz, Pfefferkörner, Wacholderbeeren, 1 Lorbeerblatt
1 EL Tomatenmark
1/4 l Blauburgunder
1/2 l Gemüsebouillon

Abschnitte von der Ente (Rückenteil, Flügelspitzen und eventuell Innereien; am besten vom Fleischer teilen lassen) in einem Topf mit Olivenöl stark anrösten. Wurzelwerk und Tomatenmark dazugeben und weiter braun rösten lassen. Achtung: nicht zu dunkel, da der Fond sonst bitter wird. Zuerst mit Wein und anschließend mit Suppe aufgießen. Würzen und mindestens 1 Stunde köcheln lassen. Eventuell mit etwas Wasser verdünnen. Durch ein feines Sieb abseihen. Entenbrusthälften und Entenkeulen salzen und pfeffern. Schalotten klein schneiden, Knoblauch ungeschält in der Mitte durchschneiden. Öl im Bräter erhitzen und die Ententeile rundum kräftig anbraten, herausnehmen und nun die Schalotten und den Knoblauch (mit der Schnittseite nach unten) anrösten. Mit Balsamico ablöschen und mit dem Entenfond aufgießen. Nun die Ententeile mit der Hautseite nach oben in den Bräter geben. Mit Rosmarinzweigen und Salbeiblättern belegen. Ente zugedeckt im Backofen bei 160° eine Stunde braten lassen. Nach und nach etwas Entenfond und Wasser nachgießen. Nun die Oliven und die in Spalten geschnittenen Feigen dazugeben und weitere 20 Minuten ohne Deckel garen lassen.
Ente zum Schluss mit einer Mischung aus 1 EL Honig und 2 EL Rotwein oder Bier bepinseln und kurz bräunen lassen.
Sauce kann noch mit 1 EL eiskalter Butter aufmontiert werden.

MELANZANI-POLENTA-AUFLAUF

2 mittelgroße Melanzani
Salz, Pfeffer
2 Knoblauchzehen
150 g Polenta
1/2 l Gemüsebouillon
1/4 l Milch
50 g Butter
3 Eier
80 g geriebener Parmesan
Salz, Pfeffer aus der Mühle

Melanzani waschen, den Stielansatz entfernen und der Länge nach in 5 mm dicke Streifen schneiden. Olivenöl mit gehackten Knoblauchzehen vermischen. Melanzanistreifen mit dem Knoblauchöl bestreichen und salzen. Auf ein mit Backtrennpapier ausgelegtes Blech legen und bei 170° im vorgeheizten Backofen hellbraun backen. Auskühlen lassen.

Gemüsebouillon mit Milch und Butter aufkochen lassen, salzen. Eier und die Polenta einrühren. Nochmals kurz aufkochen und danach zugedeckt quellen lassen. Terrinenform mit Klarsichtfolie auslegen. Boden mit Melanzanistreifen bedecken und die halbe Polentamasse darauf verteilen. Den Vorgang wiederholen. Terrine mit Folie abdecken und fest andrücken. Terrinenform nochmals für 10 Min. in den heißen Ofen (170°) stellen. Danach stürzen, Folie abziehen und portionieren.

Haben Sie schon gewusst ...

... dass Melanzani wegen des hohen Gehalts an Solanin und Bitterstoffen für den Rohgenuss nicht geeignet sind? Gebraten hingegen sind sie ein sehr wertvolles Gemüse. Sie bestehen zu 90 % aus Wasser und haben deshalb einen niedrigen Energiewert (20 kcal/100 g). Reife Früchte erkennt man daran, dass die Haut seidig matt schimmert und auf Druck nachgibt. Harte, hochglänzende Früchte sind unreif und enthalten mehr Solanin. Sie sollten auf alle Fälle bei Zimmertemperatur nachreifen (nicht im Kühlschrank). Melanzani sollten nicht geschält werden. Die Haut wird durch das Braten aromatisch und knusprig.

MARINIERTES GAMSRÜCKENFILET auf Rahmkraut mit offenem Grammelknödel und rotem Zwiebel-Chutney

2 Gamsrückenfilets (je ca. 400 g)
1 Zwiebel
1 Karotte, 50 g Sellerie
1/4 l Rotwein (Zweigelt)
1 Bio-Orange (Saft und Schale)
Thymian, 2 Lorbeerblätter
5 Wacholderbeeren
Pfefferkörner
Prise Nelkenpulver

Zwiebel, Karotten und Sellerie in kleine Würfel schneiden. Mit etwas Olivenöl anbraten und mit Rotwein ablöschen. Orangensaft, gehackte Orangenschale und die Gewürze dazugeben. Abkühlen lassen und die zugeputzten Gamsrückenfilets einlegen. Topf mit Klarsichtfolie abdecken und für mindestens 5 Stunden kalt stellen.
Gamsfilets aus der Beize nehmen, gut abtupfen und mit Salz und Pfeffer würzen. In einer Pfanne 1 EL Öl erhitzen und die Filets beidseitig scharf anbraten. Im vorgeheizten Rohr bei 55° warm halten.

RAHMKRAUT
1 Zwiebel
800 g Weißkraut
1 TL Zucker
100 g kernlose weiße Trauben
1/16 l Prosecco
1/4 l Gemüsebouillon
Salz, Pfeffer
Lorbeerblatt
1/16 l Schlagobers
3 EL Sauerrahm
1 EL Mehl
etwas Cayennepfeffer

Kraut vierteln und den Strunk herausschneiden. Kraut in feine Streifen schneiden. Zwiebel klein hacken und in einem Topf mit 2 EL Öl hellgelb anrösten, mit Zucker karamellisieren und das geschnittene Kraut dazugeben. Kurz anrösten und mit Gemüsesuppe und Prosecco aufgießen. Die gewaschenen Trauben dazugeben, würzen und gut durchrühren. Etwa 15 Min. köcheln lassen, dabei öfters umrühren. Schlagobers mit Sauerrahm und Mehl gut verrühren und das Kraut damit binden. Mit Cayennepfeffer abschmecken.

OFFENE GRAMMELKNÖDEL
1 kg mehlige Kartoffeln
300 g Mehl
100 g feiner Grieß
30 g zerlassene Butter
1 EL Sauerrahm
2 Eier
Salz, Prise Muskat
weißer Pfeffer aus der Mühle

GRAMMELSCHICHT
100 g Lardo (weißer luftgetrockneter Speck)
100 g geräucherter Spickspeck (weißer geräucherter Speck)
4 EL Sauerrahm
2 Eidotter

Speck zuerst in ca. 3 mm dicke Scheiben schneiden und danach in gleichmäßige 3 mm starke Würfel. Speck in einem Topf so lange erhitzen, bis sich das Fett aus dem Speck gelöst hat. Grammeln durch ein Sieb gießen und auskühlen lassen, mit dem Dotter und Sauerrahm verrühren. Kartoffeln im leicht gesalzenen Wasser weich kochen, schälen und noch heiß durch die Kartoffelpresse drücken. Mit Mehl, Grieß, Butter, Rahm, Eiern und Gewürzen zu einem glatten Teig verarbeiten (Teig sollte nicht zu fest sein).
Eine Auflaufform mit Butter ausstreichen und den Kartoffelteig einlegen, mehrmals mit einer Gabel einstechen und die Form mit Klarsichtfolie abdecken.
Im Kombidämpfer oder auch im vorbereiteten Wasserbad im Rohr bei 100° ca. 20 Min. pochieren.
Folie abziehen und die Grammeln auf dem Kartoffelteig gleichmäßig verteilen und festdrücken.
Im Ofen bei 120° 10 Min. backen. Kreise oder Rauten ausstechen und sofort servieren.

ZWIEBEL-CHUTNEY
2 rote Zwiebeln
1 EL Olivenöl
1 Apfel
1 EL Honig
1 EL Rohzucker
1TL frischer Ingwer, gehackt
8 cl roter Balsamico
8 cl Portwein
Salz, Prise Nelkenpulver und Zimt

Zwiebeln schälen und grob hacken. Apfel schälen, entkernen und in kleine Würfel schneiden. Zwiebel in 1 EL Olivenöl goldgelb anrösten. Mit Honig und Zucker karamellisieren und mit Balsamico und Portwein ablöschen. Den klein gewürfelten Apfel dazugeben und würzen. Bei schwacher Hitze einkochen lassen.

Goldstücke aus der Erde – Kartoffeln

Es gibt wohl kaum ein Gemüse, das an Variantenreichtum mit der Kartoffel mithalten kann. Um 5000 v. Chr. wurde der mehlige „Bodenschatz" bereits in den Anden angebaut. Durch die Eroberungszüge der Spanier gelangten die „Erdäpfel" Mitte des 16. Jahrhunderts nach Europa. König Philipp II. überbrachte dem kranken Papst Pius IV. eine Ladung der Nachtschattengewächse als Medizin. Der Klerus, von Haus aus misstrauisch allem Neuen gegenüber, gestattete nur den Anbau als Zierpflanze – wegen der schönen und filigranen Blüten. Die Knollen wurden an die Schweine verfüttert, was später dann auch verboten wurde. Erst Friedrich der Große von Preußen und sein Nachfolger Friedrich Wilhelm II. erkannten den Wert der Kartoffel im Kampf gegen die immer wieder auftretenden Hungersnöte. Kaiserin Maria Theresia verpflichtete die Bauern zum Anbau der wertvollen Knolle, die damals als „Grundbirn" bezeichnet wurde, und so wurde die Kartoffel zu einem der wichtigsten Grundnahrungsmittel in Europa. Heute wissen wir längst über die wertvollen Inhaltsstoffe der Kartoffel Bescheid. Als rein basisches Lebensmittel ist sie gerade in der heutigen Zeit, in der die meisten Menschen an Übersäuerung leiden, eine echte Natur-Arznei. Darüber hinaus ist sie reich an Kalium, Kalzium, Magnesium und besonders an wichtigen Vitaminen der B-Gruppe. Obwohl sie bis zu 21 % aus Stärke (Kohlehydraten) besteht, ist sie kein „Dickmacher". Die Kartoffel wird wegen der entwässernden Wirkung auch in der Diätküche sehr geschätzt.

BEMERKENSWERT: Die noch heute gültige lateinische Bezeichnung der Kartoffel „solanum tuberosum esculentum", was so viel bedeutet wie essbarer knolliger Nachtschatten, gab ihr der Arzt Caspar Bauhin schon 1620, und er ordnete sie den Nachtschattengewächsen zu.

WISSENSWERTES ZUM KOCHEN DER KARTOFFELN:
Kartoffeln sollten mehr gedämpft als gekocht werden. Bei mehligen Sorten verringert sich die Garzeit gegenüber der festkochenden Sorte. Die Kartoffeln sollten nach Möglichkeit erst nach dem Kochen geschält werden, denn die meisten Mineralstoffe und Vitamine befinden sich direkt unter der Schale. Junge Kartoffeln schmecken mit und ohne Schale.

GEFÜLLTES ERDÄPFEL-QUARTETT

Egal ob als Snack, leichtes Gericht oder als Beilage. Von vegetarisch über extravagant bis klassisch – der Ideenvielfalt sind hier keine Grenzen gesetzt.

8 mittelgroße Kartoffeln

Kartoffeln mit Schwamm oder Bürste gründlich reinigen, danach in kaltem und gesalzenem Wasser aufsetzen (nicht zu viel Wasser nehmen) und eher dämpfen als kochen. Auskühlen lassen und der Länge nach halbieren. Mit einem Kugelausstecher oder einem kleinen Löffel aushöhlen. Kartoffelmasse mit der jeweiligen Fülle vermischen und wieder entweder mit einem Löffel oder mit dem Dressiersack in die ausgehöhlte Kartoffel füllen. Im vorgeheizten Backrohr bei 180° ca. 15 Min. goldgelb backen.

ERDÄPFEL MIT EIERSCHWAMMERL-ZWIEBEL-FÜLLE

200 g frische Eierschwammerln, klein geschnitten
1 kl. Zwiebel
50 g Speck
Salz, Pfeffer
1 EL frische Petersilie, klein geschnitten
1 EL Crème fraîche

Zwiebel schälen und klein schneiden. 1 EL Öl in der Pfanne erhitzen und die Zwiebel darin leicht braun anbraten. Klein geschnittenen Speck und die Eierschwammerln dazugeben und mitrösten. Würzen und zum Schluss das Ausgehöhlte von 2 Kartoffeln untermengen und mit Crème fraîche verfeinern.

ERDÄPFEL MIT TOPFEN-KRÄUTER-FÜLLE

200 g Bauern-Bröseltopfen
1 kl. Zwiebel
frische Kräuter wie Petersilie, Schnittlauch
Kerbel und braune Minze
Salz, Pfeffer und 1 EL Crème fraîche

Zwiebel schälen und fein schneiden, mit den restlichen Zutaten und dem Ausgehöhlten von 2 Kartoffeln vermischen. Masse in die Kartoffeln füllen und im Rohr fertig backen.

ERDÄPFEL MIT KALBFLEISCH UND KÄSE-FÜLLE

150 g faschierte Kalbsschulter
1 kl. Zwiebel
1 Knoblauchzehe
Salz, Pfeffer, Majoran, Thymian
80 g Gouda

Zwiebel schälen und fein schneiden. In einer Pfanne 1 EL Olivenöl erhitzen und die Zwiebel darin goldgelb anrösten. Kalbsfaschiertes und fein gehackten Knoblauch dazugeben und mitrösten, würzen. Den Gouda in kleine Würfel schneiden und mit dem Ausgehöhlten von 2 Kartoffeln und dem Faschierten vermischen. Wieder in die Kartoffel füllen und im Rohr backen.

ERDÄPFEL MIT GORGONZOLA UND SONNENBLUMENKERNEN

200 g Gorgonzola oder Dolce Latte
1 kl. Zwiebel
1 EL Crème fraîche
2 EL geröstete Sonnenblumenkerne oder
gehackte Kürbiskerne

Gorgonzola in kleine Würfel schneiden. Zwiebel schälen und mit etwas Olivenöl goldgelb anrösten. Gorgonzola, Crème fraîche, geröstete Zwiebel und geröstete Sonnenblumenkerne mit dem Ausgehöhlten von 2 Kartoffeln gut vermischen. Eventuell noch etwas salzen und pfeffern und wieder in die Kartoffeln füllen. Im Rohr goldgelb backen.
Weitere Varianten: Trüffel, Kaviar und Sauerrahm, Almkäse und Trauben, Rohschinken mit Rucola etc.

ZIEGENKÄSE IM WEINBLATT
mit Grappatrauben

ZIEGENKÄSE IM WEINBLATT
*250 g Ziegen- oder
Schafs-Rahmkäse
40 g Waldhonig
geschroteter Pfeffer
1 Glas eingelegte Weinblätter*

Weinblätter aus der Salzlake nehmen, abspülen und trocken tupfen. Ziegenkäse portionieren und jeweils auf ein Weinblatt setzen. Mit Honig beträufeln, pfeffern. Weinblatt einschlagen.

GRAPPATRAUBEN
*200 g kernlose weiße Trauben
100 g Zucker
10 cl Muskatwein
10 cl Grappa
Zimt
1 TL Maizena*

100 g Zucker mit 100 g Wasser aufkochen, bis sich der Zucker vollständig aufgelöst hat. Wein, Grappa und die Trauben dazugeben. Nochmals ein paar Minuten kochen lassen. Mit etwas Zimt abschmecken. Maizena mit etwas Wasser verrühren und die Trauben damit eindicken.
Trauben lauwarm zum Käse reichen.

SENNERGULASCH
mit gebackenen Polenta-Käse-Knödeln

1 kg rote Zwiebeln
1 kg Schulter vom Almochsen
100 g Butterschmalz
6 EL Öl
1 EL edelsüßes Paprikapulver
2 gehackte Knoblauchzehen
1 EL Tomatenmark
1 EL roter Balsamicoessig
1/2 l Gemüsebouillon
Salz, Pfeffer aus der Mühle, 1 TL Beifuß, Majoran, Thymian Kümmel
etwas geriebene Schale von der Bio-Zitrone
2 EL saurer Rahm
2 EL Schlagobers
1/8 l Rotwein

Zwiebeln schälen und fein schneiden. Rindfleisch in Würfel schneiden (ca. 3 x 3 cm). In einem großen Topf Butterschmalz mit Öl erhitzen und die Zwiebeln darin hellbraun anrösten. Tomatenmark und Paprika dazugeben und nochmals durchrösten. Zuerst mit Balsamicoessig ablöschen und dann mit Gemüsebouillon aufgießen. Für ein paar Minuten köcheln lassen, dann das Fleisch, den Knoblauch und die Gewürze dazugeben. Zugedeckt für 2 Stunden auf kleiner Flamme schmoren lassen. Eventuell mit etwas Wasser aufgießen. Rotwein mit Schlagobers und dem sauren Rahm versprudeln und in das heiße Gulasch einrühren.

GEBACKENE POLENTAKNÖDEL MIT DRAUTALER KÄSE

350 g gelbe, feine Polenta (Maisgrieß)
1 l Wasser
2 EL Butter
Salz, Muskat, Pfeffer
4 Eidotter
200 g Drautaler Käse
1 Ei
80 g Mehl
80 g feine Semmelbrösel
Fett zum Ausbacken

Wasser erhitzen, Butter und Gewürze dazugeben, kurz aufkochen lassen und die Polenta einrühren. Für 4–5 Min. leicht köcheln lassen, dann im Rohr zugedeckt bei 80° dämpfen. Auskühlen lassen und die Eidotter einrühren. Käse in kleine Würfel schneiden. Aus der Polentamasse Knödel formen und mit Käsewürfeln füllen. Polentaknödel klassisch panieren und in heißem Fett schwimmend goldgelb ausbacken. Auf Küchenpapier abtropfen lassen und mit dem Gulasch servieren.

Almabtrieb –
vom gelebten Brauchtum zum Tourismusmagneten

Das Schmücken der Tiere für den Almabtrieb wurde erstmals um 1746 urkundlich erwähnt. Es handelt sich dabei um ein Dankesfest der Bauern und Senner für eine gesunde Rückkehr des Viehs von der Alm in den sicheren Stall. Der Zeitpunkt hängt mit der Futterknappheit auf den Almen und mit dem herbstlichen Kälteeinbruch zusammen und liegt je nach Region zwischen Ende September und Ende Oktober. Das Schmücken der Tiere dürfte aber eine weit ältere Tradition haben. Die Menschen glaubten, dass ihr Vieh auf dem Weg von der Alm Wegelagerern und vor allem bösen Geistern schutzlos ausgeliefert wäre. Deshalb schmückten sie die Tiere mit Glocken, Spiegeln, Heilkräutern, Almblumen und christlichen Zeichen, um Unheil fernzuhalten. Nicht fehlen durften dabei Almrausch, Latschenkiefer und Silberdistel. Das Leittier trug die größte Glocke, und der Kopfkranz wurde zu einem Kreuz gebunden. Während der Almauftrieb im Frühjahr ohne besondere Feiern erfolgte, wurde und wird auch heute noch der Almabtrieb meist von einem Dorffest begleitet.

HERBSTSPAZIERGANG

Mit der Kraft der Kräuter!

Altes und überliefertes Kräuterwissen bekommt heute durch die Phythotherapie wissenschaftlichen Stellenwert. Was schon Hildegard von Bingen (1098–1179) in ihrem Werk „Liber simplicis medicinae" über die Kraft der Kräuter niedergeschrieben hat, ist nun eindrucksvoll belegt. Das Buch der Naturkundeärztin und Äbtissin über die Heilkraft von nicht weniger als 200 Pflanzen und deren Wirkung auf den Menschen gilt heute noch als „Bibel" der Naturheilkunde.

Generell haben alle Kräuter frisch geerntet den besten Geschmack und die meisten Wirkstoffe. Es gibt aber mehrere Möglichkeiten, die Kräuter zu konservieren, damit man sie auch außerhalb der „Erntezeit" genießen und nutzen kann.

TROCKNEN: Kräuter werden grundsätzlich an der frischen Luft getrocknet. Dabei ist zu beachten, dass sie nicht der direkten Sonneneinstrahlung ausgesetzt sind. Nach dem Trocknen sollten die Kräuter ohne Stiele in gut verschließbaren Behältern kühl und trocken aufbewahrt werden.

EINFRIEREN: Das ist eine sehr effiziente und praktische Methode. Die Kräuter werden gewaschen und trocken getupft (oder auch in der Salatschleuder getrocknet). Klein schneiden und sofort in Gefrierbeutel abfüllen, gut verschließen und einfrieren. Sehr praktisch und portionsgerecht kann man die gehackten Kräuter auch in Eiswürfelbehälter füllen, mit Wasser aufgießen und anschließend frieren lassen. Gefroren in Gefrierbeutel umfüllen und wieder einfrieren.

Schatzsuche unter Bäumen, Moos und Laub

Wann oder wo die ersten Pilze gefunden wurden, lässt sich nicht nachvollziehen. Sicher ist, dass die Menschen schon immer Pilze sammelten. Erste schriftliche Quellen gibt es aus dem 1. Jh. n. Chr.: So wird etwa in der „Naturalis historia" von Plinius dem Älteren (um 23–79 n. Chr.) sogar die Zubereitung von Pilzen als „Speise der Götter", wie sie damals bezeichnet wurden, beschrieben. Im 19. Jahrhundert galt etwa der Steinpilz als das „Fleisch der armen Leute". Diese Bezeichnung kann aber nur von einem Sozialromantiker stammen, denn auch damals waren Steinpilze sehr teuer. Heute werden sie grammweise verkauft, erzielen oft einen höheren Preis als Reh- oder Kalbfleisch und zählen zu den Gourmet-Klassikern. Pilze haben trotz des hohen Wassergehaltes einen ansehnlichen Energiewert. Das liegt am hohen Eiweißanteil. Sie schenken uns wertvolle Inhaltsstoffe quasi zum Nulltarif – wenn man sie selbst sammelt. Voraussetzung dabei ist natürlich, dass man die Pilze unterscheiden kann, denn es gibt in unseren Breiten leider auch an die 100 giftige oder ungenießbare Arten.

Pilze sind saisonabhängig und wachsen meist nur im Spätsommer und Herbst (außer die Frühlingsmorchel und der Wiesenchampignon).
Die bekanntesten Pilze sind sicherlich Eierschwammerl (Pfifferling), Herrenpilz, Marone, Parasol und der Steinpilz. Er ist der Superstar unter den Pilzen.

Kulturgeschichtliches zum Steinpilz

Sporenfunde an Ess- und Rastplätzen belegen, dass Pilze und auch Steinpilze den Menschen bereits während der Steinzeit als Nahrung dienten. Damit ist belegt, dass die Menschheit seit mindestens 9000 Jahren, vermutlich aber schon weit länger, Pilze verzehrt.
Einer der Ersten, der Steinpilze schriftlich erwähnte, war der bereits genannte Plinius der Ältere. In verschiedenen seiner Werke schrieb er auch über Pilze. Steinpilze ordnete er bei seiner Einteilung der Pilze der Gruppe „Suillus" zu (heute umfasst die Gattung „Suillus" die Schmierröhrlinge).

Wissen Sie

… warum der Fliegenpilz als Glückspilz gilt?
Wenn ein Fliegenpilz – der ja bekanntlich nur schön zum Anschauen ist – gefunden wird, hat man tatsächlich Glück. Denn in unmittelbarer Nähe finden sich auch die wertvollen Steinpilze.

Eierschwammerln –

so gelb wie der Eidotter – gehören ebenfalls zu den beliebtesten Pilzen. Schon allein durch ihren feinen, leicht süßlichen und nussigen Geschmack sind sie immer ein Gourmet-Highlight. Sie bevorzugen einen sauren und moosigen Boden. Durch ihre markante Farbe sind sie auch für Nicht-Pilzkenner eine relativ leichte Waldtrophäe.

EIERSCHWAMMERL-TATAR

400 g Eierschwammerln (Pfifferlinge)
200 g Lauch
100 g gut durchzogener geräucherter Bauchspeck
2 EL Olivenöl
1 EL frische Petersilie
Zitronensaft, Salz, Pfeffer

Eierschwammerln vorsichtig waschen (nur unter fließendem Wasser), abtropfen lassen und grob hacken. Speck und Lauch in feine Streifen schneiden und in heißem Olivenöl anrösten. Pilze in einer anderen Pfanne mit etwas Olivenöl stark anrösten und mit der Speck-Lauch-Mischung vermengen. Jetzt erst würzen.
Warm mit einer Schnittlauchcreme, Rohschinken und frischem Ciabatta servieren.

SCHNITTLAUCHCREME

100 g Crème fraiche
100 g Sauerrahm
50 g Mayonnaise (50 %)
1 Bund Schnittlauch, fein geschnitten
Salz, Pfeffer, eventuell etwas Zitronensaft

Alle Zutaten gut miteinander vermischen, Nockerln formen und zum Tatar reichen.

TIPP: Die Pilze sollten in einer großen, sehr heißen Pfanne portionsweise rasch angebraten und nicht vorher gewürzt werden. Es tritt sonst zu viel Flüssigkeit aus, und die Pilze werden dadurch eher gedünstet als geröstet.

HAUSGEMACHTE TAGLIATELLE
mit Steinpilz-Rahm

Ein Gericht, das wohl nicht nur Vegetarier das Herz höherschlagen lässt – und hausgemachte Nudeln sind immer ein Genuss!

KLASSISCHER NUDELTEIG

250 g Hartweizengrieß
250 g Weizenmehl
5 Eier
Salz, etwas Olivenöl

Mehl und Weizengrieß vermischen und in eine Schüssel geben. Eier und Salz zügig einarbeiten und zum Schluss das Öl dazugeben. Gut durchkneten. Wenn der Teig geschmeidig ist und nicht mehr an den Fingern klebt, ist er fertig. Mit Folie abdecken und kühl 30 Min. rasten lassen. Danach auf einer bemehlten Arbeitsfläche dünn ausrollen. Geht am besten mit einer Nudelmaschine. Wer keine Maschine zur Hand hat, kann den Teig sehr dünn ausrollen, etwas antrocknen lassen und danach einrollen. Mit einem scharfen Messer die Tagliatelle in der gewünschten Stärke abschneiden. Nudelfäden etwas auflockern und mit Mehl bestäuben.

Frische Nudel sollten nur 2–3 Min. in wallendem Salzwasser ziehen. Man sollte so viel Wasser verwenden, dass sich die Nudeln im Wasser bewegen können (Faustregel: Je 100 g Nudeln nimmt man 10 g Salz und 1 l Wasser). Es ist nicht nötig, Öl in das Kochwasser zu geben.
Das hindert die Nudeln eher daran, die Sauce aufzunehmen.

STEINPILZ-RAHM

500 g frische Steinpilze
100 g Schalotten
3 EL Butter
1/4 l Schlagobers
1/4 l Gemüsefond
Salz, Pfeffer, frische Petersilie
gehobelter Parmesan

Steinpilze vorsichtig waschen und in Scheiben schneiden. Schalotten schälen und sehr fein hacken. Butter im Topf erhitzen und die Schalotten darin glasig anrösten. Steinpilze dazugeben und ebenfalls anrösten, mit Schlagobers und Gemüsefond aufgießen und cremig einkochen lassen. Würzen und mit klein gehackter Petersilie abschmecken.
Nudeln in die Sauce geben und mit einer Fleischgabel kurz durchziehen. In vorgewärmten Tellern spiralförmig anrichten und mit frisch gehobeltem Parmesan bestreuen.

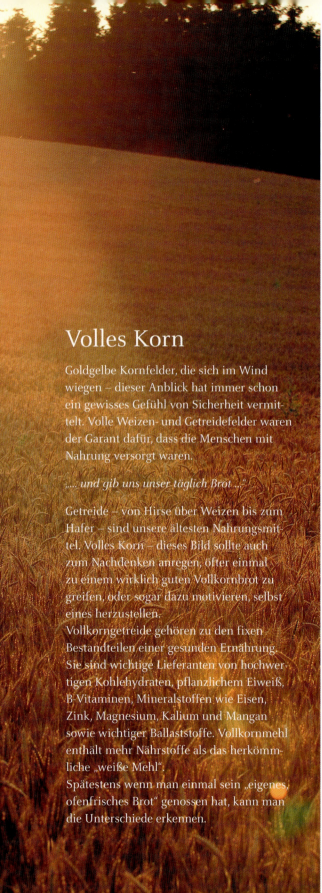

Volles Korn

Goldgelbe Kornfelder, die sich im Wind wiegen – dieser Anblick hat immer schon ein gewisses Gefühl von Sicherheit vermittelt. Volle Weizen- und Getreidefelder waren der Garant dafür, dass die Menschen mit Nahrung versorgt waren.

„... und gib uns unser täglich Brot ..."

Getreide – von Hirse über Weizen bis zum Hafer – sind unsere ältesten Nahrungsmittel. Volles Korn – dieses Bild sollte auch zum Nachdenken anregen, öfter einmal zu einem wirklich guten Vollkornbrot zu greifen, oder sogar dazu motivieren, selbst eines herzustellen.
Vollkorngetreide gehören zu den fixen Bestandteilen einer gesunden Ernährung. Sie sind wichtige Lieferanten von hochwertigen Kohlehydraten, pflanzlichem Eiweiß, B-Vitaminen, Mineralstoffen wie Eisen, Zink, Magnesium, Kalium und Mangan sowie wichtiger Ballaststoffe. Vollkornmehl enthält mehr Nährstoffe als das herkömmliche „weiße Mehl".
Spätestens wenn man einmal sein „eigenes, ofenfrisches Brot" genossen hat, kann man die Unterschiede erkennen.

VOLLKORNBROT

FÜR 1 KG BROT

450 g Weizenvollkorn- oder Dinkelvollkornmehl
350 ml lauwarmes Wasser
2 TL Salz
2 TL Sonnenblumenkerne
2 TL Sesam
2 TL Haferflocken
1 Pkg. Trockengerm (Hefe)
1 EL Maiskeimöl oder Rapsöl
Haferflocken zum Bestreuen

Alle Zutaten miteinander vermischen und zu einem Teig verarbeiten. Mindestens 30 Min. an einem warmen Ort und leicht zugedeckt rasten lassen. Backofen auf 200° vorheizen. Teig nochmals durchkneten, in eine befettete Backform geben und nochmals für 10 Min. gehen lassen. Mit Wasser bepinseln und mit Haferflocken bestreuen. 50–60 Min. backen.

KARTOFFELBROT

FÜR 1 KG BROT
500 g mehlige Kartoffeln
250 g feines Dinkelmehl
250 g Weizenmehl
1 TL Salz
1 EL Olivenöl
1 TL Zucker
40 g Germ (Hefe)
1/8 l Wasser

Kartoffeln dämpfen und schälen. Noch heiß durch die Presse drücken, salzen. Germ (Hefe) in warmem Wasser auflösen und mit Mehl, Öl, Zucker und Kartoffeln zu einem geschmeidigen Teig verkneten.
Teig in einer Schüssel mit einem Küchentuch abdecken und an einem warmen Ort gehen lassen, bis sich das Volumen verdoppelt hat. Nochmals durchkneten und auf einer bemehlten Arbeitsfläche zu einem Laib, Striezel oder Zopf formen. Wieder zudecken und nochmals 10 Min. rasten lassen. Backrohr auf 180° vorheizen. Das Brot auf ein leicht beöltes Backblech geben und mit Wasser bepinseln. Im Rohr auf der untersten Schiene backen.

Birnen

„Spannenlanger Hansel und nudeldicke Dirn, geh'n wir in den Garten und pflücken wir die Birn ..." – wer kennt wohl nicht dieses bekannte Kinderlied.

Glücklich diejenigen, die tatsächlich noch in den Garten gehen und sich die Birnen direkt vom Baum pflücken können.

Birnen haben so wie die Äpfel eine lange Geschichte. Das Ursprungsgebiet dürfte wohl Anatolien sein. Birnen sind sehr süß und ebenso gesund. Sie sind reich an Vitamin C, Magnesium, Eisen, Kalium und Kalzium. Da sie vergleichsweise wenig Säure haben, sind sie für Menschen mit empfindlichem Magen besonders bekömmlich. Interessant ist, dass Birnen – obwohl sie wesentlich süßer schmecken als Äpfel – den gleichen Zuckergehalt aufweisen. Heute gedeihen weltweit mehrere tausend Arten von Birnen. Zu den beliebtesten und bekanntesten Sorten gehören zweifelsohne die „Williams Christ" und im ländlichen Bereich die „Luise" bzw. die „Mostbirne".

Der Spruch „Man soll nicht Äpfel mit Birnen mischen" hat schon seine Berechtigung. Birnen sollten tatsächlich nicht mit Äpfeln gemeinsam gelagert werden. Durch das aus Äpfeln ausströmende Äthylen wird der Reifeprozess der Birnen (und aller anderen Obstsorten) beschleunigt.

BIRNE HELENE einmal anders

4 vollreife Birnen
80 g Zucker
1/8 l Weißwein
1/4 l Wasser
2 cl Zitronensaft
Prise Zimt, Prise Salz

Birnen schälen. Zucker, Wein, Wasser und Gewürze aufkochen und die Birnen darin pochieren. Achtung: nicht zu weich werden lassen!
Birnen auskühlen und zwei- bis dreimal vertikal durchschneiden. Das Kerngehäuse mit einem kleinen Löffel oder Kugelausstecher herauslösen.
Pariser Schoko-Creme in Spritzbeutel füllen und in die Birnen dressieren. Birnen auf schöne Teller setzen und mit warmer Schokosauce, Vanille-Parfait und frischer Minze servieren.

PARISER SCHOKO-CREME

1/4 l Schlagobers
200 g dunkle Kuvertüre
20 g Butter
2 cl Rum (oder Williamslikör)

Schlagobers aufkochen und die zerkleinerte Kuvertüre darin auflösen. Butter und Rum unterrühren. Masse kalt stellen. Aufschlagen und in den Spritzbeutel füllen.

VANILLE-PARFAIT

1/2 l Schlagobers
3 Eier
125 g Kristallzucker
1 EL Vanillezucker
1 Bourbon-Vanilleschote
4 cl Williamsschnaps
1 Prise Salz

Eier mit Zucker über Wasserdampf dick schaumig aufschlagen. Vanillemark, Vanillezucker und Salz dazugeben und kalt schlagen. Steifes Obers vorsichtig unterheben und mit 2 cl Vanillelikör parfümieren. Das Parfait in eine flache Schüssel füllen, mit Folie abdecken und für ca. 5 Stunden in das Gefrierfach geben.
TIPP: Williamsbirne in kleine Würfel schneiden und mit 3 EL Zucker karamellisieren. Auskühlen lassen und unter die Parfaitmasse heben.

MARONIMOUSSE-TÖRTCHEN

SCHOKOLADENBISKUIT

150 g handweiche Butter
100 g Staubzucker
6 Eidotter
1 Prise Zimt
1 cl Rum (60 %)
150 g Kochschokolade
150 g Mehl
6 Eiklar
100 g Kristallzucker
3 EL säuerliche Marmelade (Johannisbeeren oder Weichseln)

Butter, Staubzucker und Dotter schaumig weiß aufschlagen. Zimt, Rum und die geschmolzene, lippenwarme Schokolade unterrühren. Eiklar mit Kristallzucker zu cremigem Schnee aufschlagen und abwechselnd mit dem Mehl vorsichtig unter die Schokomasse rühren. Auf ein mit Backtrennpapier ausgelegtes Backblech streichen und im vorgeheizten Rohr bei 180° 15 Min. backen. Noch warm mit der verrührten Marmelade bestreichen.

MARONIMOUSSE

150 g Maronipüree, 30 g Staubzucker, 1 cl Rum
1/4 l Schlagobers, cremig steif geschlagen
3 Bl. Gelatine, 1/4 l Schlagobers, 100 g Kristallzucker

Gelatine einweichen. Den Rum erwärmen und die Gelatine darin auflösen. Mit dem Maronipüree, Staubzucker und dem cremig geschlagenen Obers gut verrühren. Restliches Schlagobers mit dem Zucker steif schlagen und kalt stellen.
Pastetenformen oder Ringe mit Klarsichtfolie auslegen. Aus dem Biskuit Kreise oder Tropfenformen ausstechen und je einen Boden in die Formen einlegen. Maronimousse einfüllen und nochmals mit einem Biskuitkreis belegen. Restliche Mousse darauf verteilen. Kalt stellen. Maronitörtchen aus der Form nehmen, Folie abziehen und mit dem gesüßten Schlagobers rundum bestreichen. Restliches Schlagobers in einen Spritzsack füllen und die Törtchen nach Belieben ausgarnieren.

KARAMELL-KASTANIEN
120 g Kristallzucker
gekochte und geschälte Maroni

Zucker in einer kleinen Kasserolle erhitzen, bis er schmilzt und eine leichte Braunfärbung erhält (karamellisiert). Maroni auf Zahnstocher stecken und im Zuckerkaramell drehen, bis sie rundum mit Karamell überzogen sind. Langsam herausziehen, dadurch entsteht der Karamellfaden.

Maroni

Maroni oder Edelkastanien (auch Esskastanien genannt) stammen ursprünglich aus Kleinasien. Sie gehören zur Gruppe der Nüsse. Haben die herkömmlichen Nüsse doch einen sehr hohen Fettanteil, so bestehen Maroni zu 80 % aus Kohlehydraten. Deshalb nahmen sie auf den Speisezetteln der alten Welt bis zur Einfuhr der Kartoffel einen ganz zentralen Platz ein und waren ein unentbehrliches Nahrungsmittel. Karl der Große erkannte ihren Wert als Grundnahrungsmittel und förderte den Anbau von Edelkastanien-Bäumen. Maroni sind äußerst gehaltvoll. So bringen es 100 g Maroni auf stolze 220 kcal. Dabei liefern sie zusätzlich wertvolles Eiweiß, sind reich an Mineralstoffen und Spurenelementen wie Kalium, Kalzium, Phosphor, Schwefel, Eisen, Magnesium, Vitamin E, C und sämtlichen B-Vitaminen und zu guter Letzt auch an Provitamin A. Es ist schon erstaunlich, dass 100 g Maroni den gleichen Vitamin-C-Gehalt haben wie 100 g Zitronen. Noch dazu sind Maroni rein basisch und frei von Prolamin und Glutein. Deshalb ist Maronimehl auch für Weizenallergiker und Zöliakie-Patienten geeignet. Maroni – eine durch und durch wertvolle Nuss!

Zart schmelzende Hommage an den Herbst
KASTANIEN-TRÜFFEL

24 Pralinen-Hohlkörper
(im guten Fachhandel erhältlich)
80 g Maronipüree
30 g Staubzucker
1 cl Rum
1 EL Schlagobers
30 g dunkle Kuvertüre

100 g grünes Marzipan
50 g Staubzucker
80 g Vollmilch-Kuvertüre
80 g dunkle Kuvertüre

Maronipüree mit Zucker, Rum und Schlagobers verrühren. Maronimasse mithilfe eines Dressiersacks in die Pralinenhohlkörper spritzen. Kuvertüre im Wasserbad schmelzen und jeweils mit einem Tropfen flüssiger Schokolade die Pralinen verschließen. Trocknen lassen.

Marzipan mit Staubzucker verkneten und zu einer kleinen Rolle formen. Etwa 2–3 mm dick ausrollen und kleine Kreise ausstechen. Maronipralinen damit umhüllen und nochmals antrocknen lassen.
Kuvertüren separat im Wasserbad schmelzen und die Pralinen darin wälzen. Auf einem feinen Gitter igeln = getunkte Pralinen auf dem Gitter mit Hilfe eines Spießes hin und her bewegen, dadurch entsteht die stachelige Oberfläche.

Mit einem Messer, das zuvor in sehr heißes Wasser getaucht wurde, vorsichtig einen Keil herausschneiden, dabei aber die Maronipraline in der Mitte nicht beschädigen. Durch den Keil ergibt sich das typische Bild einer halb geöffneten Edelkastanie. Maronipralinen auf einem Kastanienblatt servieren oder mit Cellophan einhüllen und als Geschenk präsentieren.

Zwetschgen und Pflaumen

Sie verlängern den Sommer. Von dunkelblau bis violett, leicht rauchig bis hochglänzend – nicht nur optisch verzaubern diese Früchte. Es gibt kaum jemanden, der nicht bei einem ofenfrischen, duftenden Pflaumenkuchen ins Schwärmen kommt. Auch diese Herbstköstlichkeiten stammen ursprünglich aus dem Kaukasusgebiet. Schon seit ungefähr 2000 Jahren wird die Pflaume kultiviert. Mitte des 19. Jahrhunderts waren bereits 200 verschiedene Sorten bekannt. Heute zählt man eine unglaubliche Vielzahl (nahezu 2000 Sorten), die alle von der „Prunus domestica", der Hauspflaume, abstammen. Noch am Baum haben die Pflaumen und Zwetschgen einen feinen, rauchigen Film. Dieser schützt die Früchte vor dem Austrocknen und ist auch ein Zeichen der Frische. Viel Gutes steckt in diesen „Farbsolisten". Neben Vitamin C und B sind sie reich an Zink, Eisen, Kupfer und Kalium. Zwetschgen und Pflaumen sind eine süßsäuerliche Bereicherung in der süßen, aber auch in der pikanten Küche.

GEFÜLLTE ZWETSCHGENNUDELN mit Sliwowitz-Sabayon

600 g mehlige Kartoffeln
150 g Mehl
40 g handweiche Butter
50 g Topfen
2 Eidotter
Salz

Kartoffeln in leicht gesalzenem Wasser weich dämpfen. Schälen und noch heiß durch die Presse drücken. Mit Mehl, Dottern, Butter, Topfen und einer Prise Salz zu einem geschmeidigen Teig verarbeiten. Sollte die Masse zu klebrig sein, noch etwas Mehl einarbeiten.

250 g Zwetschgen
80 g Kristallzucker
80 g Marzipan
80 g geriebene Mandeln
80 g Semmelbrösel
Zimt und etwas Vanillezucker

Zwetschgen entsteinen und in kleine Würfel schneiden. Kristallzucker in einem Topf karamellisieren und die Zwetschgen dazugeben. Marzipan fein zerbröseln, gemeinsam mit den restlichen Zutaten zu den heißen Zwetschgen geben und die Masse leicht verkneten. Kartoffelteig auf einer bemehlten Arbeitsfläche ca. 5 mm dick ausrollen und Kreise ausstechen. Mit einem kleinen Löffel Zwetschgenmasse in die Mitte der Kreise setzen, zusammenklappen und Ränder festdrücken. Zum Abschluss werden die Nudeln noch „gekrendelt". Reichlich Wasser zum Kochen bringen, leicht salzen und die Nudeln vorsichtig hineingeben. Wallend (nicht sprudelnd) kochen, ca. 8–10 Min. ziehen lassen. Herausnehmen, kurz abtropfen lassen und mit Sliwowitz-Sabayon servieren. Nudeln noch mit Nusskrokant bestreuen und mit Hippe ausgarnieren.

SLIWOWITZ-SABAYON
6 Eidotter
100 g Kristallzucker
1/8 l Schlagobers
1/4 l Weißwein (Grüner Veltliner)
Mark von 1 Vanilleschote
6 cl Sliwowitz
Prise Zimt, Prise Salz

Mark aus der Vanilleschote kratzen. Alle Zutaten über Dampf zu einer schaumigen Creme aufschlagen.

LAUWARME SPECKZWETSCHGEN mit Rahm-Brie

12 vollreife Zwetschgen
24 Scheiben Hamburgerspeck
geschroteter Pfeffer
200 g Rahm-Brie

Zwetschgen halbieren, entsteinen und nochmals halbieren. Je eine Zwetschgenspalte mit einer dünnen Speckscheibe umwickeln und in einer heißen beschichteten Pfanne rundum knusprig anbraten. Eventuell mit grobem Pfeffer bestreuen und noch lauwarm zum Rahm-Brie servieren.
Dazu passen hervorragend Kartoffelbrot und schwerer Rotwein.

MOHN-TRAUBEN-DESSERT

100 g Mohn
50 g glattes Mehl
20 g Speisestärke (Maizena)
3 Eidotter
100 g Butter
60 g Staubzucker
Prise Salz, Vanillezucker, Prise Zimt
3 Eiklar
40 g Kristallzucker

Mohn mit Mehl und Speisestärke vermischen. Dotter, Butter, Staubzucker und Geschmackszutaten sehr schaumig aufschlagen. Eiklar mit dem Kristallzucker zu cremigem Schnee schlagen. Eischnee abwechselnd mit der Mehlmischung vorsichtig unter die Eimasse heben. Masse auf ein befettetes Backblech streichen und im vorgeheizten Rohr bei 170° ca. 20 Min. backen.
Noch warm mit Marillenmarmelade (glatt gerührt und erwärmt) bestreichen.

WEINGELEE

1/2 l trockener Rotwein
1/2 l weißer Traubensaft
500 g blaue Trauben
500 g weiße Trauben
16 Bl. Gelatine
100 g Kristallzucker

Trauben waschen und halbieren, Kerne entfernen und abtropfen lassen. Gelatine in kaltem Wasser einweichen. Rotwein, Traubensaft und Zucker aufkochen, bis sich der Zucker vollständig aufgelöst hat. Trauben dazugeben und nochmals aufkochen lassen. Gelatine ausdrücken und darin auflösen. Masse überkühlen lassen.
Tortenkranz mit Klarsichtfolie auskleiden, Mohnbiskuit hineinlegen und nun die Trauben schichtweise darauf verteilen. Das restliche Weingelee darübergießen und die Form etwas rütteln, damit eventuelle Luftbläschen entweichen können. Die Tortenform mit Folie abdecken und mindestens 4–5 Stunden im Kühlschrank fest werden lassen.
Das Dessert schmeckt sowohl mit einer warmen Vanillesauce als auch mit Mohnobers ausgezeichnet.

In vino veritas

Wohl keine Frucht ist mehr mit der bunten Jahreszeit verbunden als die Weintraube.

„Wein ist die Poesie der Erde." (Mario Soldati)

Weintrauben sind die Früchte der Weinrebe, und diese stammt ursprünglich von der eurasischen Wildrebe ab und gilt als eine der ältesten Kulturpflanzen. Sicher belegt ist, dass bereits 5000 v. Chr. im heutigen Ägypten Weinreben gezogen wurden und auch dass der Saft vergoren haltbar gemacht und zu Wein verarbeitet wurde.

Es ist wohl ein wenig dem Misstrauen oder vielleicht auch der menschlichen Bequemlichkeit zu verdanken, dass vor mehr als 2000 Jahren der Wein nach Mitteleuropa kam. Die Römer trauten ihren Fuhrleuten nicht wirklich zu, den Wein unbeschadet und ohne „Schwund" in die damaligen Eroberungsgebiete zu transportieren, weshalb sie gleich die Weinstöcke mitbrachten und anpflanzten. Heute werden Weinreben auf allen Kontinenten angebaut.

In Mitteleuropa ist die traditionelle Erntezeit September/Oktober, je nach Sorte.

Trauben sind ein kulinarisches Multitalent und sowohl im rohen Zustand als auch verarbeitet in der süßen wie in der pikanten Küche ein Genuss.

Da die Weintrauben zu rund 81 % aus Wasser bestehen, sind sie leicht verdaulich und regen die Nierentätigkeit an. Sie haben einen hohen Mineralstoffgehalt durch Kalium, Kalzium, Eisen und Phosphor. Auch der Vitamin-C-Gehalt ist beachtlich.

Weintrauben sind außerdem ein schneller Energielieferant, weil der enthaltene Traubenzucker vom Körper sofort aufgenommen werden kann.

Zapfenstreich der Freiluftsaison

MARONISORBET
mit rosa Champagner

450 g Kastanienpüree
80 g Staubzucker
2 cl Cognac
4 cl Prosecco
50 g Mascarpone (oder fettärmerer Mascarino)
4 Eiklar
50 g Kristallzucker

Kastanienpüree mit Staubzucker, Cognac, Prosecco und Mascarpone zu einer cremigen Masse verrühren. Eiklar mit Kristallzucker zu steifem Schnee schlagen und vorsichtig unter die Kastaniencreme heben. In eine Schüssel füllen und mit Klarsichtfolie abdecken. Mindestens 4 Stunden gefrieren lassen, dabei aber öfters umrühren.
Kastaniensorbet vor dem Servieren nochmals aufrühren, in einen Spritzsack füllen und in vorgekühlte Gläser dressieren. Mit gut gekühltem Champagner aufgießen.

TIPP: Besonders gut eignet sich dafür „Schlumberger Rosé".

SÜSSE ZIGARRE

DUNKLE HIPPE
100 g Staubzucker
110 g flüssige Butter
100 g Mehl
100 g Eiweiß
30 g Kakaopulver

MACADAMIANUSS-FÜLLE
150 g handweiche Butter
125 g weiße Kuvertüre
2 cl weißer Rum
2 cl Nusslikör
125 g Schlagobers
80 g fein geriebene Macadamianüsse

Aus einem Karton oder einer dicken Folie eine Schablone mit den Maßen 5 x 10 cm schneiden. Alle Zutaten gut vermischen und mithilfe einer Palette und der Schablone die Hippenmasse dünn auf eine Silikonmatte (oder auch auf ein Backtrennpapier) auftragen. Im vorgeheizten Rohr bei 200° 5 Min. backen. Herausnehmen und sofort zu Zigarren rollen. Auskühlen lassen.

Kuvertüre im Wasserbad einweichen und mit der Butter cremig aufschlagen. Mit Rum und Nusslikör vermengen. Schlagobers steif schlagen und mit den Nüssen vermischen, vorsichtig unter die Buttermasse rühren. Creme in einen Spritzsack füllen und die Zigarren damit füllen.
Kalt stellen, aber nicht in den Kühlschrank, sonst werden die Hippen durch die Feuchtigkeit weich.

TIPP: Banderolen mit eigenem Logo anfertigen und Zigarren in einer kleinen Holzkiste servieren.

IRISH-COFFEE-MOUSSE mit Baiser

250 g Schlagobers
3 Eidotter
100 g Kristallzucker
125 g dunkle Kuvertüre
8 cl starker Mocca
4 cl Irischer Whiskey

Schlagobers steif schlagen und kalt stellen. Kuvertüre im Wasserbad erwärmen. Dotter mit Zucker im Wasserbad cremig weiß aufschlagen und mit der Kuvertüre vermischen. Mocca und Whiskey dazugeben und zum Schluss das geschlagene Obers unterheben. Mousse mithilfe eines Spritzsacks in Grappagläser füllen und kalt stellen.
Vor dem Servieren zerbröseltes Baiser darübergeben.

HERBSTSPAZIERGANG

Kaminfeuer

November | Dezember

NOVEMBER

Es ist schon eine recht dunkle Zeit mit Nebel, Regen und vielerorts bereits Schnee. Der Monat November trägt auch den Beinamen „Nebelmond", da der Himmel meist grau ist und die Tage dunkler werden. Auch die Feiertage im November drücken auf die Seele. Man spricht ebenso vom „November-Blues".

Vielen Menschen graut vor den Novembertagen mit Nebel und aufsteigender Kälte. Dabei beginnt gerade jetzt eine „stille" Zeit, die Mensch und Natur zwingt, sich Ruhe zu gönnen. Das Licht ist getrübt, jeder Farbton gedämpft. Es scheint, als wäre die Umgebung in Watte eingepackt. Wenn die letzten Blätter von den Bäumen leise auf die Erde rieseln, erster Raureif die Natur überzuckert, wird's zu Hause richtig gemütlich. Genießen wir also diese heimelige Zeit mit „Verzauberten Momenten", indem wir unsere Umgebung und vor allem unser Zuhause bewusst und liebevoll gestalten.

DEZEMBER

Den Namen hat dieser Monat vom lateinischen „decem", und er ist geprägt von kirchlichen Festen. Beginnend mit dem Advent über den heiligen Nikolaus und das Fest der Feste – Weihnachten – bis zum Jahresabschluss, dem Silvester.

Die Adventzeit wurde erstmals im fünften Jahrhundert rund um Ravenna gefeiert. Früher war sie eine strenge Fastenzeit, in der weder getanzt noch andere Feierlichkeiten begangen werden durften. Heute wird die Adventzeit besonders glanzvoll gestaltet.

Zeit für Kamingeflüster

„Wohltätig ist des Feuers Macht, wenn sie der Mensch bezähmt bewacht."
(Friedrich von Schiller)

Tänzelnde Funken in warmen Rot- und Orangetönen, der unverkennbare Duft und das Knistern des Holzes im Kamin haben eine unglaubliche Wirkung auf unsere Seele, und man möchte es kaum glauben – auch auf unseren Blutkreislauf! Lodernde Flammen ziehen seit jeher magisch an. Sie sind die pure Einladung zur Behaglichkeit.

Tatsache ist, dass zu keiner anderen Zeit im Jahr so viel für die häusliche Atmosphäre getan wird wie zu Beginn der Adventzeit – ob bei der Dekoration, die schon vor der Haus- oder Wohnungstüre beginnt, oder bei der Vielfalt der Speisen und des Gebäcks aus der Küche. Schon im Mittelalter wurde das Heim in der Adventzeit mit Ilex (Stechpalme) und Tannenzweigen geschmückt.

Alle Jahre wieder duftet es in der Adventzeit verführerisch. Die aromatisch sinnlichen Gewürze sorgen für diese spezielle Note.

Nach einem Spaziergang in der feuchten, kalten Luft oder nach einem hektischen Arbeitstag genießt man einen warmen Grog oder eine Suppe, die den Körper von innen her wärmen, umso mehr – das beste Mittel gegen den „Winter-Blues".

Positive Gedanken und süße Träume

Der Ofen wird zum „Rückzugsgebiet". Nicht nur die Natur gönnt sich die Pause zur Regeneration. Es ist die Zeit der Besinnung auf das Wesentliche. Dass auch das Fest der Feste – Weihnachten – in diese Zeit fällt, ist ein ganz besonderes Geschenk, auf das sich Groß und Klein jedes Jahr aufs Neue freuen.

Nun ist es Zeit für das „Eingemachte". Wir können heute alle Lebensmittel das ganze Jahr über kaufen. Ob es sinnvoll ist, bleibt allerdings dahingestellt.

In der kalten Jahreszeit sind für unseren Körper sicherlich jene Lebensmittel wichtig, die hier gewachsen sind und sachgerecht weiterverarbeitet oder auch eingelagert wurden. Als ganz besondere Beispiele dafür kann man das Sauerkraut oder die Sauerrübe nennen. Beide enthalten sehr viel Vitamin C, das für einen gesunden Körper im Winter unbedingt notwendig ist.

Der Winter ist auch die Zeit für den großzügigen Umgang mit Gewürzen. Es ist eine alte Weisheit, dass Anis, Zimt, Kardamom, Nelken, Muskat, um nur einige zu nennen, die Produktion von Endorphinen anregen und den Körper von innen her wärmen. Schon seit Tausenden von Jahren wird die Heilkraft der Gewürze gekonnt eingesetzt. Und auch heute nutzen Gesundheitsexperten immer öfter dieses Wissen. Gerade die „Wintergewürze" sorgen für positive Gedanken und süße Träume, sie harmonisieren, regen den Appetit an und stärken das Immunsystem.

ANIS ist eines der ältesten Kräuter und wurde schon im alten Griechenland verwendet. Die Römer nähten das Aniskraut in Kopfkissen ein, als bewährtes Mittel gegen Alpträume. Heute weiß man, dass Anis Nervosität und innere Anspannung löst.

INGWER ist ein vielseitig einsetzbares Würzmittel. Nicht nur bei der Adventbäckerei, sondern vor allem aus der asiatischen Küche ist Ingwer nicht wegzudenken. Ingwer ist ein absoluter „Scharfmacher", der den Körper wärmt, Entzündungen hemmt und das Immunsystem stärkt. Vor allem aber ist er ein sinnliches Aphrodisiakum.

KARDAMOM ist in den Bergwäldern Indiens zu Hause und ist im Handel meist als Kapselfrucht erhältlich. Noch immer werden die Kapseln, die bereits vor 3000 Jahren in China bekannt waren, händisch gepflückt. Verständlich, dass es sich bei Kardamom damit um die „Königin der Gewürze" handelt. Nur Vanille und Safran sind teurer. Kardamom ist nicht nur für die Würzkraft bekannt, sondern auch als Heilmittel für Magenerkrankungen. Es stärkt außerdem den Hormonhaushalt und das Herz.

NELKEN sind getrocknete Knospen des Nelkenbaums und stammen ursprünglich von den Molukken. Sie sorgen in ganz besonderer Weise für unsere Gesundheit. Eugenol, das ätherische Öl der Nelke, bekämpft Bakterien, tötet Keime und lindert Schmerzen. Nelkenöl ist ein altbewährtes Mittel zur Wundheilung.

VANILLE ist ein sehr kostbares Gewürz und stammt von einer seltenen Kletterorchideenart in Mexiko. Die Vanilleschote hat ihren Namen von den Azteken. Sie nannten sie übersetzt „Schötchen". Das Mark der Vanilleschote hilft bei Ermüdungszuständen. Darüber hinaus wirkt Vanille stimmungsaufhellend und vertreibt Frustrationen auf natürliche Weise. Die Azteken waren überzeugt, dass der „Vanilleduft die Seele zum Lächeln bringt".

ZIMT ist durch seinen warmen, aromatischen Geruch wohl das klassischste Wintergewürz. Es handelt sich dabei um die Innenrinde des Zimtbaumes. Zimt kommt aus Asien. Je feiner und dünner die Rindenteile, desto intensiver das Aroma. Die wertvollen ätherischen Öle wirken appetitanregend und positiv auf den Kreislauf.

Der HONIG gilt wegen seiner wertvollen Inhaltsstoffe schon seit Jahrhunderten als hervorragendes und bewährtes Heil- und Schönheitsmittel. Er ist der älteste Süßstoff der Welt. Für ein einziges Gramm des „Flüssigen Goldes" fliegen Bienen bis zu 15.000 Blüten an. Bereits in der Steinzeit naschten die Menschen aus den Bienenwaben. In der Bronzezeit baute man ganz gezielt die ersten Bienenstöcke.

Heiße Milch mit Honig ist ein absoluter Hausmittelklassiker. Bis zu 30 Zuckerverbindungen entziehen Krankheitserregern das Wasser. Die Inhibine wirken wie ein Antibiotikum. Honig sollte nicht über 40° erhitzt werden, da sonst wichtige Inhaltsstoffe verloren gehen. Trotz 325 kcal/100 g ist Honig absolut kein Dickmacher, denn der enthaltene Trauben- und Fruchtzucker wirkt sofort als Energiespender. Honig ist basisch und reguliert somit den Säure-Basen-Haushalt und die Verdauung. Seine besondere Kraft liegt aber in den entzündungshemmenden und antibakteriellen Substanzen, allen voran den Inhibinen.

Wärme von innen

Dicke Schals und Handschuhe sind im Winter ein Muss. Wir sollten aber auch den Körper von innen her wärmen. Damit stärken wir die Abwehrkräfte und schützen uns besser vor Erkältungen und viralen Infektionen.
Diese Lebensmittel sind nun besonders wertvoll für unseren Körper und unsere Gesundheit:

Obst
Äpfel, Birnen, Clementinen, Datteln, Feigen, Grapefruits, Hagebutten, Orangen, Preiselbeeren und Quitten

Gemüse
Chicorée, Eichblattsalat, Endivie, Kerbelknollen, Kohl, Kürbis, Kren, Lauch, Lollo Rosso, Pastinaken, Petersilwurzeln, Radicchio, Rosenkohl, Rotkraut, Rote Rüben, Gelbe Rüben, Schalotten, Sellerie, Schwarzwurzeln, Spitzkohl (Chinakohl), Steckrüben, Topinambur, Weißkraut, Winterportulak

Kräuter
alle saisonunabhängigen, eingefrorenen und eingelegten Kräuter sowie alle Arten von Pestos

Fleisch
Fasan, Gams (nur bis zum 15. Dezember), Gans, Hirsch, Hammel, Mufflon, Reh, Rebhuhn, Rind, Wildente, Wildhase, Wildschwein

Fisch und Meeresfrüchte
Flussbarsch, Hecht, Huchen, Karpfen, Saibling, alle Arten von Muscheln, Waller

Die Magie der kleinen Dinge
– sie wirken wie ein Kokon fürs Ich

KAMINFEUER-COCKTAIL

1/2 l kräftiger Früchtetee
2 Zimtstangen
100 g Zucker
1 Limette
2 Äpfel
1/4 l Orangensaft,
frisch gepresst
6 cl Limettensaft
1 l Zweigelt
10 cl Rum
10 cl Grand Marnier
1/2 l Soda

Den Tee ansetzen, Apfel-, Orangen- und Limettenscheiben und Zucker dazugeben. Alles kurz aufkochen lassen. Mit Wein und den restlichen Säften verfeinern (nicht mehr kochen, sondern nur ziehen lassen). Teebeutel entfernen und den Cocktail ca. 4 Stunden ruhen lassen. Vor dem Servieren erhitzen, mit Rum und Grand Marnier abschmecken und mit Soda aufgießen.

OFENFRISCHE KRÄUTERKIPFERLN

Nicht nur die Franzosen haben ihre bekannten Kipferln. Auch in unseren Breiten sind die gebackenen Hörnchen sehr beliebt. Meistens gibt es sie in der süßen Variante, gefüllt mit Marmelade oder Nüssen. Die pikante Version ist eine willkommene Abwechslung zu den üblichen Salzgebäckarten.

500 g griffiges Mehl
30 g Germ
1/4 l lauwarme Milch
3 Eidotter
2 Schalotten
2 Knoblauchzehen
100 g Butter
Salz, gemahlener Kümmel, Majoran und Oregano (am besten frisch)
1 Ei
1 EL flüssiges Obers

Schalotten und Knoblauch schälen und sehr fein hacken. In etwas Butterschmalz goldgelb braten und die Kräuter dazugeben. Auskühlen lassen. Mehl in eine vorgewärmte Schüssel geben, Germ in lauwarmer Milch auflösen und mit den Dottern unter das Mehl rühren. Schalotten-Kräuter-Mischung und die flüssige Butter dazugeben. So lange schlagen, bis sich die Masse von der Schüssel löst. Zugedeckt an einem warmen Ort gehen lassen (doppelte Menge). Kurz niederdrücken und nochmals aufgehen lassen. Auf einer bemehlten Fläche ausrollen, Dreiecke schneiden und zu Kipferln einrollen. Mit Ei-Obers bestreichen – nochmals ruhen lassen und bei 170° ca. 15 Min. goldgelb backen.

TIPP: Kräuterkipferln schmecken hervorragend lauwarm auch zu Blauschimmelkäse und mit blauen Trauben.

Apfel –
die Frucht der Götter

Tausendfach wurde in diversen Geschichten schon über den Apfel geschrieben, und er kommt ebenso oft in der Mythologie vor. Tatsächlich zählt der Apfel schon seit der Steinzeit zu den ältesten Sammelobjekten der Menschheit. Die Römer kultivierten bereits 30 verschiedene Sorten. Den Apfelbaum nannten sie „malus". Noch heute sprechen wir in der Umgangssprache von „Dr. Malus" – "An apple a day keeps the doctor away".

Der Apfel besitzt einen hohen Anteil an Vitamin C, B1, B2, B6 und auch an Carotin. Er enthält außerdem aber auch entwässerndes Kalium, Kalzium und Phosphor für die gute Laune und den Aufbau der Knochen und der Zähne. Der reife Apfel wirkt gegen Müdigkeit und Konzentrationsschwäche, weil der enthaltene Fruchtzucker schnell ins Blut übergeht.

Das alles ist eigentlich allgemein bekannt – aber man sollte diese Dinge doch ab und zu wieder ins Gedächtnis rufen und dem Apfel als heimischem Obst wieder die Wertschätzung entgegenbringen, die er verdient – *gerade im Winter!*

Es hat einen ganz besonderen Zauber, wenn man nach einem langen Spaziergang durch die verschneite Winterlandschaft zu Hause mit dem Duft von gebratenen Äpfeln empfangen wird.

APFEL-KÜRBIS-SUPPE

1 kg Muskatkürbis oder Hokkaido-Kürbis
1 Zwiebel, 2 Äpfel, 1 EL Tomatenmark
1 l Rindsuppe oder Gemüsebouillon
6 cl Noilly Prat
Salz, Pfeffer, etwas Muskatnuss

2 Toastbrotscheiben
1 Apfel, 1 EL Butter, eine Prise Zimt

Kürbis schälen, entkernen und kleinwürfelig schneiden. Zwiebel und Äpfel ebenfalls schälen und klein schneiden. Alles in einem Suppentopf mit etwas Öl anrösten. Tomatenmark dazugeben und nochmals durchrösten. Mit Suppe und Noilly Prat aufgießen. Fertige Suppe mixen und anschließend durch ein feines Sieb streichen.
Eventuell mit Sauerrahm oder Crème fraîche noch verfeinern.
Toastbrot entrinden und in kleine Würfel schneiden, Apfel schälen und ebenfalls in gleich große Würfel schneiden. Butter in einer Pfanne zerlaufen lassen und die Würfel darin goldbraun rösten, mit wenig Zimt bestreuen und kurz vor dem Servieren als Garnitur in die Suppe geben.

BRATAPFEL-TRILOGIE

3 mittelgroße Äpfel (Idared, Gloster, Grafensteiner)
100 g Walnüsse, gehackt
80 g Biskuitbrösel
40 g Rosinen (sehr gut eignen sich Rumrosinen)
100 g Marzipan
1 Msp. Zimt
3 EL Rum
2 EL Honig
2 EL Butter

KLASSISCHE BRATAPFELFÜLLE

Mit dem Kernausstecher das Gehäuse und den Stil ausstechen. Walnüsse, Rosinen, Zimt, Marzipan, Biskuitbrösel und Rum verkneten und die Äpfel damit füllen. Honig mit Butter zerlaufen lassen, die Äpfel in eine feuerfeste Form geben und mit der Honig-Butter bestreichen. Abdecken und im Rohr bei 200° ca. 30 Min. braten.

Schön sieht der Bratapfel auch aus, wenn man ihn vor dem Füllen vertikal zweimal durchschneidet und dann füllt.

Eine dritte Variante ist der Bratapfel im Schlafrock. Dabei wird der Bratapfel nach ca. 15 Min. aus dem Ofen geholt. Auskühlen lassen und mit vorbereitetem Mürbteig einhüllen. Mit Ei bestreichen und bei 180° 20 Min. goldgelb gebacken.

MOSTSCHAUMSAUCE

3/8 l Most (Apfelwein)
1/8 l Apfelsaft
100 g Kristallzucker
Vanillezucker

Alle Zutaten im Schneekessel gut miteinander verrühren und über Dampf dick schaumig aufschlagen. Achtung: Die Masse darf nicht kochen! Den noch heißen Bratapfel damit überziehen und sofort servieren.

APFEL-CALVADOS-PALATSCHINKE

200 g Mehl
5 Eier, 1/4 l Milch
Salz, Prise Vanillezucker
Butterschmalz zum Ausbacken

Milch mit den Eiern versprudeln, Salz, Vanillezucker und das Mehl einrühren. Es soll ein glatter, feiner und leicht flüssiger Teig entstehen.
Butterschmalz in der Pfanne erhitzen und dünne Palatschinken ausbacken. Auskühlen lassen.

4 Äpfel, 80 g Rohzucker
2 Msp. Zimt, 1 EL Butter
4 cl Calvados

Äpfel schälen, vierteln und das Kerngehäuse entfernen. Äpfelspalten in Scheiben schneiden. Butter in die Pfanne geben und gemeinsam mit dem Rohzucker zerlaufen lassen. Äpfelscheiben hinzufügen und karamellisieren. Mit Zimt verfeinern und mit Calvados ablöschen.

Palatschinken mit der Apfelmasse füllen und im Dreieck zusammenlegen oder zusammenrollen. Mit Klarsichtfolie abdecken und im Rohr bei 80° warm halten. Heiß servieren.

TIPP: Palatschinken schmecken auch ausgezeichnet mit einer lauwarmen Vanillesauce.

MOSTSCHAUMSAUCE:
1/8 l Most (Apfelwein)
50 g Zucker, 3 Dotter, Prise Zimt

Alle Zutaten über Dampf dickschaumig aufschlagen und zu den Calvados-Palatschinken reichen.

„Einladung zum Martinigansl"

Um die Martinigans ranken sich so manche Geschichten. Eine Legende besagt, dass sich Martin von Tours vor seiner Wahl zum Bischof in einem Gänsestall versteckt haben soll. Das aufgeregte Schnattern der Tier habe ihn allerdings verraten.
Nach einer anderen Legende haben Gänse die Predigt des Bischofs Martin gestört, woraufhin sie geschlachtet wurden. Am 11. November 397 wurde Bischof St. Martin beigesetzt, und die Christen ernannten diesen Tag zum Feiertag.
Die Bauern schlachteten die Gänse aber auch aus Kostengründen, da sie die Tiere nicht über den Winter bringen konnten. Es gibt aber auch Überlieferungen, die darauf hinweisen, dass schon die Germanen Mitte November das Ende der Erntezeit ausschweifend gefeiert haben. Wie auch immer – das Martinigansl ist mittlerweile eine lieb gewordene Tradition.
Heute werden die Gänse so gezüchtet, dass sie um die Martinizeit schlachtreif sind. Schon beim Einkauf sind einige Details von besonderer Wichtigkeit. Dass die Tiere aus artgerechter Biohaltung kommen, sollte mittlerweile selbstverständlich sein. Die Gans sollte nicht älter als fünf Monate sein und nicht mehr als 4 kg wiegen.
Eine perfekte Martinigans ist für jeden Koch eine Herausforderung. Die typischen Ganslkräuter sind Estragon, Majoran, Petersilie, Thymian und – ganz wichtig – Beifuß. Der bittere Geschmack des Beifußes macht das Fett bekömmlicher.
Eine Gans verliert beim Braten etwa drei Viertel des Fetts. Dieses unbedingt auffangen – daraus lässt sich eine wunderbare Delikatesse herstellen:

GANSLSCHMALZ MIT ÄPFELN UND ZWIEBELN.
Es ist auch ein besonderes Gourmet-Geschenk aus der eigenen Küche.
Wird die Gans im Ganzen gebraten, muss sie unbedingt eine knusprige Haut haben. Das gelingt ganz sicher, wenn die Gans nach der Hälfte der Garzeit etwa alle 10 Minuten mit dem eigenen Saft und Salzwasser übergossen wird. Die letzten 20 Minuten ohne Abdeckung und bei 220° fertig braten.

KAMINFEUER

MARTINI-GANSL-KEULE gerollt mit knusprigem Rotkrautspitz

2 Gänsekeulen
1 Zwiebel
100 g Karotten, 100 g Sellerie
50 g Lauch
2 EL Ganslfett
Majoran, Thymian,
Salz, Pfeffer, Lorbeerblatt, Beifuß
1 EL Tomatenmark, 1/8 l Merlot
1/8 l Geflügelfond

Gänsekeulen waschen, trocken tupfen und lose Hautstücke und eventuellen Fettrand entfernen. Fleisch entlang des Oberschenkelknochens einschneiden und den Kochen freilegen. Mit einem spitzen Messer den Knochen auslösen, am Gelenk durchschneiden und den ganzen Knochen entfernen. Fleisch leicht klopfen, würzen und fest einrollen. Mit Küchenspagat binden oder mit einer Rouladenklammer fixieren. Karotten, Sellerie und Zwiebel klein schneiden.
Ganslfett im Topf erhitzen und die gerollten Keulen rundum scharf anbraten, herausnehmen. Im Bratenrückstand das Wurzelwerk anrösten, Tomatenmark einrühren und kurz mitrösten (= tomatisieren), bis eine bräunliche Farbe entsteht. Mit Geflügelfond und Merlot aufgießen. Kurz köcheln lassen und die Ganslkeulen dazugeben. Zugedeckt bei mittlerer Hitze ca. 1 Std. dünsten. Ganslkeulen aus dem Sud nehmen, Spagat entfernen und im Rohr warm stellen.
Sauce durch ein feines Sieb gießen und nochmals aufkochen lassen.

ROTKRAUTSPITZ
500 g Rotkraut
1 Zwiebel
40 g Rohzucker
Salz, Pfeffer,
Saft und Schale einer
Bio-Orange
2–3 Gewürznelken
1/8 l Merlot
Strudelteig
Ei zum Bestreichen

Rotkraut fein nudelig schneiden. Zwiebel klein schneiden und mit etwas Öl anrösten. Mit dem Zucker karamellisieren und das Kraut dazugeben. Kurz durchrösten und mit Orangensaft und dem Merlot aufgießen, würzen und zugedeckt weich dünsten. Strudelteig auslegen, mit flüssiger Butter bestreichen und mit ausgekühltem Rotkraut belegen. Kleine Strudel formen und mit Ei bestreichen. Für ca. 1/2 Stunde in das Gefrierfach legen.
Strudel im heißen Fett goldgelb frittieren.
Mit glacierten Maroni und Mandel-Kohlsprossen zu den gerollten Ganslkeulen servieren.

TIPP: Es gibt einige Gansl-Gewürzmischungen fertig zu kaufen. Aber eine selbst gemachte Gansl-Gewürzmischung, verpackt in einem schönen Glas, ist als Geschenk ganz bestimmt ein Highlight!
Die klassischen Gewürze fürs Gansl: Beifuß, Majoran, Muskatnuss, Pfeffer, Salz und Thymian.

Ein besonderes Dessert zum Martinigansl

MARONI-PANNA-COTTA MIT PORTWEINFEIGEN
1 l Obers
100 g Staubzucker
1 Vanilleschote, 1/4 l Milch
250 g Maronipüree
6 Bl. Gelatine, 100 g Staubzucker
2 cl Rum, 6 frische Feigen
4 cl Cassislikör
2 EL Kristallzucker
6 cl Portwein
2 TL Vanillepudding

150 g Maronipüree mit 100 g Staubzucker und dem Rum gut vermengen und auf vier Gläser aufteilen.
1/2 l Obers mit Staubzucker, Vanillemark und Vanilleschote, Milch und dem restlichen Maronimark aufkochen. Vom Herd nehmen und die eingeweichte Gelatine darin auflösen. Restlichen 1/2 l Obers steif schlagen und unter die überkühlte Maronimilch heben. In die Gläser auf das Maronipüree gießen und im Kühlschrank erkalten lassen. Feigen waschen und trocken tupfen, vierteln und mit Zucker karamellisieren. Mit Cassislikör ablöschen und mit Portwein kurz aufkochen lassen. Vanillepudding mit etwas Portwein glatt rühren und die Feigen damit „abziehen" (= eindicken).
Gekühlte Panna cotta mit lauwarmen Feigen servieren. Perfekt dazu passt auch ein Maroni- oder Vanilleparfait.

Nikolaus und Krampus

Der Festtag des heiligen Nikolaus wird am 6. Dezember gefeiert. Es ist ein kirchlicher Feiertag, verbunden mit sehr alten Bräuchen, teilweise heidnischen Ursprungs.

Das Vorbild des heiligen Nikolaus lebte Ende des dritten, Anfang des vierten Jahrhunderts in der kleinasiatischen Region Lykien. Der Legende nach hat Nikolaus sein ererbtes Vermögen anonym an die Armen verschenkt. Seiner Tugendhaftigkeit wegen wurde er zum Bischof von Myra geweiht, seine Verehrung als Heiliger begann gleich nach seinem Tod.

Der heilige Nikolaus ist der Beschützer der Seefahrer, Hilfsbedürftigen und vor allem der Kinder und tritt heute als Symbol für das Gute gemeinsam mit dem Krampus als Vertreter des Bösen auf.

Das Wort „Krampus" leitet sich vom mittelhochdeutschen „Krampen" (Kralle) ab.

Die Vorläufer des heutigen Krampus nannte man als Begleiter des Nikolaus „Teufel". Krampusse tragen Kostüme aus Schaf- und Ziegenfellen, große Glocken und meist handgeschnitzte Masken mit animalischen oder teuflischen Zügen.

Beide – sowohl Nikolaus als auch Krampus – dienten auch als ein Element der sozialen Kontrolle. Sie lobten oder rügten die Sitten der Bevölkerung. Oft stellten sie auch der Obrigkeit „die Rute ins Fenster". Krampusse treten ausschließlich in der Adventzeit auf, im Gegensatz zu den Perchten, diese beherrschen die Raunächte. Den alten Bräuchen nach vertreiben die „Schiechperchten" die Wintergeister. Aus den „Schönperchten" entstanden die Masken, wie man sie heute im Karneval trägt.

Der Brauch von Nikolaus und Krampus war ursprünglich im ganzen Habsburgerreich verbreitet. Während der Inquisition wurde er verboten. Teufels- und Nikolausverkleidungen wurden mit dem Tod bestraft. Im 17. Jahrhundert hielt der Brauch, ausgehend von den Klöstern, wieder Einzug in die Stuben der Bevölkerung – als „Kinderbischofsfest". Ab Mitte des 19. Jahrhunderts konnten die Nikolausfeste auch öffentlich abgehalten werden. Heute sind Krampusläufe absolute Publikumsmagnete und werden von Brauchtumsgruppen veranstaltet.

Erfreuten im 19. Jahrhundert die gefüllten Leinensackerln mit Äpfeln und Lebkuchen vor allem die Kinder, so wird heute der 5. bzw. 6. Dezember vom Handel als „Geschenketag" beworben.

Nicht leicht zu knacken …

Spezialitäten mit Nüssen – egal ob Süßspeisen, pikante Ragouts, Salate, Risottos oder Terrinen –, sie gehören einfach in die Winterzeit.

Besonders Pistazien und Pignolen haben jetzt Saison. Pistazien sind die Früchte eines immergrünen Baumes aus dem Mittelmeerraum. Ein Pistazienbaum kann mehrere Hundert Jahre alt werden. In der Antike waren Pistazien ein Privileg der königlichen Familien. In Europa war die „grüne Mandel" sogar bis ins 20. Jahrhundert eine kostbare Delikatesse, und man schrieb ihr aphrodisische Wirkung zu. Dabei galt immer – bis heute –, je grüner der Kern, desto höher die Qualität.

Pikante Aromen heben die Stimmung

Gute-Laune-Gewürzmischung

Scharfe und pikante Gewürze können die Stimmung heben. Das liegt bei Paprika, Chilis und Peperoni am Inhaltsstoff Capsaicin.
Die Wirkung ist zwiespältig. Beim Genuss von scharfen Speisen löst das Capsaicin auf der Zunge einen brennenden Schmerz aus. Daraufhin schüttet der Körper morphiumartige Schmerzkiller, die sogenannten Endorphine, aus. Sie bewirken ein gesteigertes Glücksgefühl.
Sollte ein Gericht zu scharf geraten sein, kann man mit Hilfe von Milch, Joghurt, Brot, Bananen oder rohen Kartoffeln die Speise wieder „retten".

Kohlsprossen

Sie wurden schon vor 200 Jahren im Gebiet der Flamen angebaut. Lange waren sie als „Arme-Leute-Essen" verpönt. Heute haben die kleinen Kohlröschen wieder den Stellenwert in der Küche, den sie verdienen. Sie sind äußerst schmackhaft, wandlungsfähig und erleben auch in der gehobenen Gastronomie eine wahre Renaissance.
Als wertvolles Wintergemüse sind sie wahre Vitaminbomben und wärmen den Körper von innen. Im Unterschied zu den Frühkohlsorten schmecken die im November geernteten „Kohlsprossen" viel milder. Der Grund dafür ist der höhere Zuckergehalt, eine Folge der niedrigeren Temperaturen im Herbst.

CREMESUPPE
von Kohlsprossen und Chili mit Kohlsprossen-Dörrpflaumen-Spieß

500 g frische Kohlsprossen
1 mehlige Kartoffel
80 g Sellerie
1 Knoblauchzehe
50 g Zwiebel
1 Chilischote
1/2 l Gemüsebouillon
1/4 l Obers
Muskat, weißer Pfeffer und etwas Crème fraîche

8 Dörrpflaumen
8 dünne Scheiben Speck
1 EL Walnussöl

Kohlsprossen waschen und putzen. 8 Stück beiseitelegen, den Rest halbieren. Zwiebel, Sellerie, Knoblauch, Kartoffel klein schneiden. Zwiebel in etwas Butterschmalz gemeinsam mit dem Knoblauch glasig anrösten, Sellerie, Kohlsprossen, klein geschnittene Chilischote und die Kartoffel dazugeben. Kurz durchrösten lassen und mit Gemüsebouillon aufgießen. Köcheln lassen. Nach ca. 15 Min. das Obers dazugeben und abschmecken. Suppe fein passieren und mit Crème fraîche verfeinern. Die beiseitegelegten ganzen Kohlsprossen am Strunk kreuzförmig einschneiden, Dörrpflaumen mit Speck umwickeln und abwechselnd mit den Kohlsprossen aufspießen. In einer Pfanne das Öl erhitzen und die Spieße beidseitig scharf anbraten. Etwas klein geschnittene Zwiebel und Petersilie dazugeben und mit Gemüsefond aufgießen. Mit Salz, Pfeffer und Muskat würzen und ca. 15 Min. schmoren lassen. Dabei öfters umdrehen.
Suppe in Tassen anrichten und mit dem Spieß garnieren.

DREIERLEI VON DER KALBSLEBER mit Schwarzwurzel-Soufflé

SAUTIERTE KALBSLEBER MIT ZITRONEN-KONFIT

300 g Kalbsleber
1 EL Butter
4 Schalotten
8 große Kapernbeeren
Salz, Pfeffer
1/8 l Kalbsfond
1 Bio-Zitrone
1/8 l Läuterzucker
50 g kalte Butterstücke
1 EL Petersilie

Zitrone dünn schälen und in feine Streifen schneiden. Drei- bis viermal in leicht gesalzenem Wasser überkochen (Wasser wechseln), Streifen abseihen. Zitronensaft mit Läuterzucker und Zesten auf kleiner Flamme zugedeckt köcheln lassen und zu dickflüssiger Konsistenz reduzieren.
Schalotten schälen und in Spalten schneiden. Kapernbeeren halbieren.
Kalbsleber in Würfel schneiden und im heißen Fett scharf anbraten. Butter und Schalotten dazugeben und mit dem Jus aufkochen. Mit Zitronenkonfit, Petersilie und Kapernbeeren abschmecken. Kalte Butterstücke einrühren.

GERÖSTETE KALBSLEBER MIT KARAMELLISIERTEN APFELSPALTEN

300 g Kalbsleber
2 EL Olivenöl (nativ), 4 Schalotten
Salz, Pfeffer, Majoran, Thymian
1/8 l Kalbsfond, 2 cl Noilly Prat
1/16 l Schlagobers, 2 Äpfel
1 EL Butter, 1 EL brauner Zucker

Leber in 6 mm dicke Filets schneiden, mit Salz und Pfeffer würzen. Schalotten fein schneiden und in heißem Öl goldbraun rösten, mit Kalbsfond und Noilly Prat aufgießen und ca. 5 Min. kochen lassen. In einer Pfanne 1 EL Öl erhitzen und die Leber ebenfalls anrösten – dabei beachten, dass die Leber innen noch rosa sein soll. Den Zwiebelansatz mit der gerösteten Leber vermengen und mit Obers verfeinern. Um eine sämige Konsistenz zu erreichen, kann man dem Saft noch kalte Butterstücke untermengen. Apfel schälen und in Spalten schneiden. Butter in einer Pfanne zerlaufen lassen, den Zucker dazugeben und die Apfelspalten damit karamellisieren.

TIPP: Die Zesten einer Bio-Zitrone geben dem Gericht eine feine Säure.

GEBACKENE KALBSLEBER

250 g Kalbsleber
Salz, Pfeffer, etwas frischen, klein gehackten Majoran
Mehl, Semmelbrösel
2 Eier

Kalbsleber in 6 mm dicke Filets schneiden, würzen und panieren. In heißem Fett schwimmend goldbraun ausbacken. Abtupfen und gleich servieren.

SCHWARZWURZEL-SOUFFLÉ

60 g Butter
60 g glattes Mehl
20 ml Obers, 1/8 l Gemüsefond
1/4 l Milch
50 g geriebener, würziger Gouda
200 g Schwarzwurzeln
1 EL Schnittlauch
4 Eidotter, 4 Eiklar

Butter in einem Topf zerlaufen lassen, Mehl anrösten und mit Obers, Fond und Milch aufgießen, würzen und aufkochen. Masse abkühlen lassen. Eidotter und Schnittlauch sowie die gekochten, kleinwürfelig geschnittenen Schwarzwurzeln unter die Masse mengen. Anschließend den steif geschlagenen Schnee und den Käse unterheben. In befettete Auflaufformen einfüllen und im Wasserbad im heißen Rohr 25 Min. bei 180° backen. Eventuell vor dem Servieren mit brauner Butter (Nussbutter) überziehen.

TIPP: Schwarzwurzelstifte als Garnitur.

Engel – wunderschöne Dekoration zur Weihnachtszeit

Man muss nicht an sie glauben, um sie schön zu finden. Sie bringen einfach ein stimmungsvolles Bild in die vorweihnachtliche Zeit. Mit frostfreien Puten und Engelsfiguren lassen sich auch im Freien und auf Terrassen zauberhafte Still-Leben arrangieren.

„Wie viele Engel es wohl gibt? Man sagt, es genügt einer, wenn er dein Leben rettet."
(Sprichwort)

Unsere Weihnachtsbräuche

Der Adventkranz

Der Brauch, im Dezember die Wohnung mit immergrünen Mistel-, Wacholder- und Tannenzweigen zu schmücken, findet sich schon Anfang des 19. Jahrhunderts. Die Zweige symbolisierten ungebrochene Lebenskraft und sollten Haus und Hof beschützen. Ursprünglich kommt dieser Brauch von den Germanen. Die Kerzen hingegen galten schon im 14. Jahrhundert als Zeichen der Hoffnung auf eine neue, hellere Zeit und waren im Winter traditionellerweise rot.

Die Geschichte des Adventkranzes ist vergleichsweise sehr jung. Der Hamburger Theologe Johann Hinrich Wichern hat im Jahr 1838 an jedem Tag des Advents eine Kerze angezündet und diese auf einen Holzkranz gesteckt. Am Heiligen Abend beleuchtete dieser Lichterkranz die Kirche. In den folgenden Jahren kam dann die Ummantelung des Holzkranzes mit Tannenästen dazu. Dieser Brauch wurde zuerst von der evangelischen Bevölkerung angenommen. 1925 hing erstmals in einer katholischen Kirche (Kölner Dom) ein Adventkranz. Mittlerweile ist dieser Brauch weltweit bekannt.

Der Adventkalender

Erst ca. 1920 kamen die ersten Adventkalender, so wie wir sie heute kennen, auf den Markt. Ihr Ursprung dürfte aber ebenfalls im 19. Jahrhundert liegen. In den religiösen Familien schmückte man in der Vorweihnachtszeit nach und nach die Wände mit 24 Bildern. Noch früher wurden lediglich 24 Kreidestriche an die Wand gemalt, von denen die Kinder jeden Tag einen wegwischen durften.

Die Krippe

In der gesamten christlichen Welt findet man Weihnachtskrippen. Der Legende nach stand die erste Krippe 1223 in der Kirche von Assisi. Die Historiker vermuten Rom als Ausgangspunkt dieses Brauchs. Durch den Christbaum, der ab dem 19. Jahrhundert an Bedeutung gewann, verlor die Krippe ihren Stellenwert.

Der Christbaum

wie wir ihn kennen, ist noch keine 400 Jahre alt. Den Brauch, die kalte und dunkle Zeit mit grünen Pflanzen als Hoffnung für neues Leben zu schmücken, gab es jedoch schon um 200 v. Chr. Die Symbolik des germanischen Julbaumes und des Paradiesbaumes aus dem Alten Testament verschmelzen hier miteinander. Beide versinnbildlichen den Beginn des neuen Jahres, die immer wieder erneuerte Lebenskraft.

WINTERCOCKTAIL
„Winter-Orange"

4 cl Meyer's Rum
3 cl Crème de Cacao weiß
3 cl Kahlúa Kaffeelikör
3 cl Galliano
10 cl Schlagobers
12 cl frisch gepresster Orangensaft
1 TL Zimt
1 Bourbon-Vanilleschote
Prise Muskatnuss

Alle Zutaten mit dem Mark der Vanilleschote und ein paar Eiswürfeln in den Shaker geben und gut durch mixen.

TIPP: Besonders attraktiv sieht dieser Cocktail aus, wenn Sie ihn wie abgebildet mit Vanilleschote, Zimtstange und Butterkeks ausgarnieren.

Wertvolle Geschenke aus der eigenen Küche

Warum nicht einmal die eigene Küche zur „Geschenkwerkstatt" umfunktionieren? Geschenke zum Essen – das ist kreativ, sehr persönlich und originell. Gerade in der heutigen Zeit, wo man alles kaufen kann, gewinnen diese Präsente zunehmend an Wert. Geschenke, die in Erinnerung bleiben!

VANILLEZUCKER

Dazu braucht man zwei Schoten von der echten Bourbon-Vanille und 250 g feinsten Zucker. Die Vanilleschoten werden längs aufgeschnitten, und das Mark wird herausgekratzt (geht am besten mit dem Messerrücken). Die Schoten nun klein schneiden und mit dem Zucker vermischen. In ein trockenes und gut verschließbares Glas geben. Mit einer schönen Schleife versehen, ist es ein wirklich exklusives Geschenk, das das ganze Jahr über Freude macht.

LIKÖR von der Bourbon-Vanille

3 Schoten von der Bourbon-Vanille
250 g Rohzucker
1/4 l destilliertes Wasser
1/2 l Cognac, 4 cl brauner Rum

Vanilleschoten längs aufschneiden und das Mark herauskratzen. Rohzucker im Topf karamellisieren lassen und mit dem Wasser aufkochen. Vanillemark dazugeben und nochmals aufkochen lassen. Nicht zudecken. Vanilleschote herausnehmen und beiseitelegen. Sud durch ein feines Sieb gießen und erkalten lassen. Cognac und Rum dazumischen und in eine Flasche füllen. Vanilleschote nun wieder dazugeben. Likör dunkel und kühl lagern.

ZIMT-MOCCA-TRÜFFEL

300 g dunkle Kuvertüre
1/16 l Obers, 1/16 l starker Mocca
80 g Butter, 2 cl Kaffeelikör
Zimt

Obers mit Zimt und Kaffeelikör aufkochen und die Kuvertüre darin auflösen. Kräftig durchrühren. Ca. 12 Stunden kühlen lassen. Nochmals aufschlagen und die handweiche Butter unterrühren. Masse in einen Spritzbeutel füllen und auf ein Backtrennpapier kleine Kugeln spritzen. Nochmals kühlen lassen. Anschließend die Kugeln rollen und in Kakaopulver wälzen. In passende Papierkapseln setzen.

Weihnachtsmenü

Für einen besonderen Anlass nimmt man gerne einen außerordentlichen Einsatz in Kauf. Mit keinem Fest werden so viele positive Gedanken verbunden wie mit dem Weihnachtsfest. Wie wir diese Zeit zelebrieren, hängt meist auch mit den Kindheitserinnerungen zusammen. Bis zum 24. Dezember spürt man in der ganzen Adventzeit eine geheimnisvolle Atmosphäre mit vielen Momenten des Staunens und Glücks. Weihnachten rührt an die Grundbedürfnisse jedes Menschen nach Geborgenheit, Ruhe und Frieden.

Edles Deko

Vielleicht probieren Sie einmal eine stimmungsvolle und doch reduzierte Dekoration aus – alles Ton in Ton mit wertvollen Details und einem fein abgestimmten Menü.
Weihnachten und Gold sind eine äußerst edle Kombination.

Pasteten –
lukullische Geheimnisse unter der Hülle

Pasteten hatten schon immer etwas Geheimnisvolles. Die ersten Rezepte dafür fand Jean Bottéro auf sumerischen Keilschriften aus der Zeit um 1700 v. Chr. In Europa eroberte diese Spezialität von Frankreich aus zuerst die Küchen des Adels und der Kirche. Die Renaissance war die Blütezeit der Pastetenbäckerei. Wichtig dabei war, dass die Pasteten mit den damals sehr teuren Gewürzen aus den Kolonien verfeinert wurden. Die Pastete war der Höhepunkt jedes Festmahls.

Heute werden Pasteten, Terrinen und Galantinen hauptsächlich als Vorspeisen verwendet. Der Pasteten-Fantasie sind dabei keine Grenzen gesetzt. Die Gewürzmischung hat sich hingegen kaum verändert. Kardamom, Piment, Zimt, Ingwer, Muskatblüte, Muskatnuss, Majoran, Thymian und manchmal auch Lorbeer – alles gemahlen oder besser frisch aus dem Mörser.

TIPP: Ein selbst gefertigtes Pastetengewürz, gut verschlossen in einer schönen Dose oder einem Glas, ist immer ein ganz exquisites Geschenk oder Mitbringsel.

Gänseleber

Schon im alten Rom war die „fette Gänseleber" sehr beliebt und von großem Wert. Sogar Horaz, der bekannte römische Dichter, erzählt in seinen Satiren von der hervorragenden Leber der weißen Gans. Die berühmte „Gänseleberterrine" wurde allerdings in der zweiten Hälfte des 18. Jahrhunderts im Elsass von Maître Close kreiert.

WILDTERRINE mit Orangen-Preiselbeer-Ildefonso und lauwarmer Dörrpflaumen-Schalotten-Marmelade

ZUTATEN FÜR EINE TERRINENFORM – CA. 8 PERSONEN

200 g Fasanenkeule, ausgelöst
150 g Kalbsschulter
100 g Speck
150 g Hasenkeule, ausgelöst
100 g Rehschulter
1 Eidotter
1/4 l Schlagobers

MARINADE
je ca. 4 EL Portwein, Weinbrand, trockener Sherry Pastetengewürz

EINLAGE
2 Karotten
2 Gelbe Rüben
2 EL Pistazien, gehackt
3–4 frische Spinatblätter
100 g Gänseleber
200 g Speck zum Auslegen der Form

Fasanenkeule, Kalbsschulter, Hasenkeule und Rehschulter in Würfel (ca. 2 cm) schneiden und mit der Marinade und den Gewürzen marinieren, im Kühlschrank ziehen lassen.

Karotten und Gelbe Rüben in Streifen (4 mm dick) und in gleichmäßige Würfel schneiden. In leicht gesalzenem Wasser weich kochen, abseihen und erkalten lassen.

Mariniertes Fleisch abseihen, den Saft auffangen und auf die Hälfte einkochen.

Fleischstücke in wenig Öl scharf anbraten, im Kühlschrank vorkühlen und anschließend für eine halbe Stunde frieren.

Fleisch mit Speck und dem reduzierten Saft im Cutter klein mixen, den Dotter und das Schlagobers dazugeben und zu einem feinen Mus verarbeiten.

Terrinenform mit Speckstreifen auslegen.

Karotten- und Rübenwürfel gemeinsam mit den Pistazien unter die Fleischmasse rühren, eventuell auch nachwürzen. Zur Hälfte in die Terrinenform einfüllen. In der Mitte die Spinatblätter hineinlegen und darauf die Gänseleber geben. Spinatblätter über die Gänseleber schlagen und mit der restlichen Fleischmasse bedecken. Zum Schluss die überstehenden Speckstreifen überlappen. Festdrücken und eventuell auf der Arbeitsfläche ausklopfen, damit sich die Masse gut verteilt (ohne Zwischenräume). Terrine mit Alufolie abdecken, im vorgeheizten Backrohr bei 120° im Wasserbad ca. 1 1/2 Stunden garen lassen. Terrine aus dem Rohr nehmen und mit einem festen Gegenstand beschweren, über Nacht in den Kühlschrank stellen.

ORANGEN-PREISELBEER-ILDEFONSO

1 l Orangensaft, 10 Bl. Gelatine
4 cl Grand Marnier
3 Sternanis, 1 Prise Zimt
150 g Preiselbeermarmelade
1/8 l Rotwein, 1/4 l Preiselbeersaft
8 Bl. Gelatine

Orangensaft zusammen mit den Gewürzen auf etwa zwei Drittel einkochen, abseihen und die eingeweichte Gelatine darin auflösen. Mit Grand Marnier abschmecken. Ein flaches Gefäß mit Klarsichtfolie auskleiden und den Saft eingießen, über Nacht erkalten lassen. Preiselbeermarmelade erhitzen und durch ein feines Sieb streichen. Mit Rotwein und Preiselbeersaft aufkochen lassen, eingeweichte Gelatine darin vollständig auflösen. Ebenso in eine mit Klarsichtfolie ausgekleidete flache Form gießen und über Nacht in den Kühlschrank stellen. Beide Gelees stürzen, kleine Kreise ausstechen und diese übereinandersetzen. Ideal sind vier Schichten. Restliches Gelee kann man kleinwürfelig schneiden und als Garnitur zu Salat oder auch zu Desserts geben.

TIPP: Gleichmäßige Würfel sind auch in einem Aperitif ein geschmacklicher Hingucker.

DÖRRPFLAUMEN-SCHALOTTEN-MARMELADE

150 g Dörrpflaumen
150 g Schalotten
1 EL Nussöl (hervorragend eignet sich Pistazienöl)
1/8 l Portwein
Salz, Pfeffer, Nelken- und Pimentpulver (im Idealfall frisch aus dem Mörser)

Schalotten und Dörrpflaumen in gleichmäßige Spalten schneiden. Öl in kleinem Topf kurz erhitzen und die Schalotten darin anschwitzen, Dörrpflaumen dazugeben und mit Portwein ablöschen. Würzen und leicht köcheln lassen. Die Marmelade sollte eine cremige Konsistenz haben.

KAROTTEN-INGWER-CAPPUCCINO
mit knuspriger Kartoffel-Chili-Zigarre

300 g Karotten, 100 g Kartoffeln
1 EL frischer Ingwer, gehackt
4 Schalotten, 2 EL Öl
Prise Zucker
1 EL scharfes Currypulver
1/2 l Gemüsebouillon
1/8 l Schlagobers
Salz, weißer Pfeffer
eventuell etwas Limettensaft

SCHAUM
1/8 l Gemüsefond, 1/8 l Schlagobers
Salz, weißer Pfeffer, frischer Ingwer

KARTOFFELZIGARRE
2 mehlige Kartoffeln
1 EL Butter, 1 EL Petersilie, gehackt
1 Eidotter, Salz, Pfeffer
etwas Muskatnuss, Majoran
1 Strudelblatt, 4 EL flüssige Butter

Karotten und Kartoffeln schälen und würfelig schneiden. Schalotten schälen und klein hacken.
Im Topf Öl erhitzen und die Zwiebeln darin glasig anrösten. Karotten, Kartoffeln und den gehackten Ingwer dazugeben. Mit Zucker bestreuen und kurz karamellisieren lassen. Curry unterrühren und mit Suppe aufgießen. Ca. 20 Min. köcheln lassen. Obers dazugeben und nochmals kurz aufkochen lassen. Pürieren und durch ein feines Sieb streichen.
Gemüsefond mit Schlagobers erwärmen und würzen. Mit dem Stabmixer schaumig aufschlagen. Suppe in hitzeresistente Gläser füllen und mit dem Schaum bedecken. Kartoffelzigarre über das Glas legen und servieren.

Kartoffeln kochen, schälen und pressen. Mit weicher Butter, Dotter und Geschmackszutaten verfeinern.
Vier dünne und ca. 15 cm lange Rollen formen. Strudelblatt in vier gleiche Streifen schneiden und mit flüssiger Butter bestreichen. Kartoffelrollen daraufsetzen und einrollen, die Enden entweder einschlagen oder zusammendrehen. Nochmals mit Butter bestreichen. Zigarren können nun im Rohr bei 200° ca. 10 Min. goldgelb gebacken oder auch in heißem Öl frittiert werden.

REHFILET im Strudelteig mit Rahmkraut

500 g Rehfilet oder auch Rehrücken (auslösen lassen und Knochen für den Jus verwenden)
Salz, Pfeffer
Wacholderbeeren
Thymianzweige
2 EL Olivenöl
2 Strudelblätter

FARCE
200 g Hühnerfilet
2 Eiklar
1/8 l Obers
Salz, Pfeffer
Prise Muskat
80 g Dörrpflaumen

RAHMKRAUT
800 g Weißkraut
1 Zwiebel
Pfeffer, Salz
Prise Zucker
3 Wacholderbeeren
1 Lorbeerblatt
1/8 l Prosecco
1 EL Apfelmus
1/8 l Schlagobers
1 EL Maizena
2 EL eiskalte Butter

Rehfilet oder Rehrücken zuputzen, mit Salz, Pfeffer, Thymianzweigen, gestoßenen Wacholderbeeren und Olivenöl marinieren.
Für die Farce das Hühnerfilet würfelig schneiden und ½ Stunde ins Gefrierfach geben. Anschließend gemeinsam mit dem Obers, Eiklar und den Gewürzen zu einer feinen Masse mixen. Dörrpflaumen würfelig schneiden und unter die Farce ziehen.
Rehfilet in heißer Pfanne rundum kurz anbraten.
Strudelblätter auf einer bemehlten Arbeitsfläche oder auf einem Tuch ausbreiten. Mit flüssiger Butter bestreichen. Rehfilet mit der Farce bedecken und mit dem Strudelteig fest umwickeln. Mit Dotter bestreichen und im Ofen bei 170° 10–15 Min. (je nach Stärke des Fleisches: Filet 10 Min., Rücken 15 Min.) goldgelb backen.

Weißkraut putzen und hobeln. Zwiebel klein schneiden, in etwas Öl glasig anrösten und mit Zucker karamellisieren. Das Kraut dazugeben, würzen und kurz durchrösten. Anschließend mit Gemüsebouillon, Prosecco und Apfelmus ablöschen. Apfelmus dazugeben und zugedeckt weich dünsten. Maizena mit etwas Wasser verrühren und das Kraut damit binden. Eventuell noch mit eiskalter Butter verfeinern.

Weißkraut – das Heilkraut der Römer

Das Weißkraut gehört zu der Gruppe der Kreuzblütler. Es war schon bei den Kelten, Griechen und Römern bekannt. Die Römer verwendeten es als Heilkraut bei Verstauchungen und Prellungen. Das Kraut wurde hauptsächlich in den bäuerlichen Küchen verwendet und galt lange Zeit zu Unrecht als „Arme-Leute-Essen". Die Methode, das Kraut in Fässern gären zu lassen und so für den Winter haltbar zu machen, stammt von den Chinesen. Der hohe Vitamin C-Gehalt macht aus dem Sauerkraut gerade im Winter ein besonders wertvolles Lebensmittel. Heute hat die sogenannte „feine Küche" das Kraut längst wiederentdeckt.

Die richtigen Saucen

Sie können bei jedem Gericht das „Aha-Erlebnis" sein. Sie runden die Speisen ab und werten sie auch gewaltig auf – vorausgesetzt, sie werden richtig gekocht und abgeschmeckt. Es ist wesentlich leichter, hervorragende Saucen zuzubereiten, als oft angenommen wird. Was man dazu braucht, ist auch leicht erklärt: sehr gute Grundprodukte, Feingefühl beim Abschmecken und vor allem viel Zeit. Die Belohnung: die Begeisterung der Gourmets und die Möglichkeit, auf Vorrat zu produzieren. Saucen können eingefroren oder im Weckglas konserviert werden.

ZWETSCHGEN-WILD-SAUCE ZUM REHFILET IM STRUDELTEIG

1 kg Knochen und Parüren (Abschnitte) vom Reh
100 g Karotten
100 g Sellerie
100 g Lauch
100 g Zwiebel
Wacholderbeeren
Pfefferkörner
Pimentkörner
Lorbeerblatt
Rosmarin- und Thymianzweige
2 EL Tomatenmark
1/4 l Rotwein
1/8 l Portwein
1 l Geflügelbouillon
1 TL Estragonsenf
2 EL Zwetschgengelee (oder Zwetschgen aus einem Kompott, klein würfelig geschnitten)

Knochen klein hacken. 2 EL Öl im Bräter erhitzen und die Knochen darin kräftig anrösten. Darauf achten, dass die Knochen nicht zu dunkel werden, dadurch würde die Sauce bitter werden. Kleinwürfelig geschnittenes Gemüse mitrösten. Gewürze gemeinsam mit dem Tomatenmark unter die Knochen rühren und so lange weiterrösten, bis das Tomatenmark ebenfalls eine braune Farbe angenommen hat. Mit Wein und Bouillon aufgießen und auf kleiner Flamme ca. 4 Stunden köcheln lassen.
Durch ein feines Sieb abseihen und den so gewonnenen Saucenansatz (auch Fond genannt) auf die Hälfte einreduzieren. Mit Zwetschgengelee, Senf und eventuell noch Salz und Pfeffer abrunden.

FOND ODER JUS

Durch längeres Kochen ohne Deckel wird der Fond bzw. Saucenansatz in der Flüssigkeit reduziert. Dadurch wird der Geschmack viel intensiver. Die nun gewonnene eingekochte Flüssigkeit nennt man Jus.
Selbst gemachter Jus, im Glas konserviert und schön verpackt, ist ein begehrtes Geschenk für alle Gourmets.

GEBACKENE SCHOKOLADENMOUSSE mit Mandarinentarte und gelierten Mandarinen unter Grand-Marnier-Schaum

GEBACKENE SCHOKOLADENMOUSSE
100 g Milchschokolade
200 g Kuvertüre
2 cl Grand Marnier
4 cl Mandarinensaft
3 Eier
4 Eidotter
50 g Kristallzucker
150 g Schlagobers

Schokolade mit Grand Marnier und Mandarinensaft über Wasserdampf auflösen. Eier, Dotter und Zucker ebenfalls über Dampf hell schaumig aufschlagen und die Hälfte der Schokomasse einrühren, die zweite Hälfte vorsichtig unterziehen. Geschlagenes Obers unterheben. Auflaufform (flach) mit Folie auslegen und die Mousse einfüllen. Mit Alufolie abdecken (kleine Löcher in die Folie stechen, damit die Feuchtigkeit entweichen kann) und im Wasserbad bei 150° ca. 30 Min. backen. Auskühlen lassen und über Nacht in den Tiefkühler stellen. Am besten noch angefroren portionieren.

MANDARINENTARTE
Teig
200 g Mehl
120 g kalte Butter
50 g Staubzucker
1–2 EL flüssiges Obers
Prise Salz, Mandarinenzesten

Belag
500 g unbehandelte Mandarinen
2 Zitronen
3 Eier
40 g Vanillepuddingpulver
100 g Staubzucker
60 g flüssige Butter

Mürbteig herstellen und eine Stunde kalt stellen. Dünn ausrollen und befettete Tarteletteformen damit auslegen. Schale von 4 Mandarinen abreiben. Mandarinen filetieren und den Saft dabei auffangen. Zitronen auspressen und mit Mandarinensaft, Mandarinenfilets, flüssiger Butter, Staubzucker und Puddingpulver gut verrühren. Eier aufsprudeln und in die Mandarinenmasse einrühren. Die Tarletteformen damit befüllen und im vorgeheizten Rohr bei 200° ca. 17–20 Min. backen. Noch lauwarm mit heißer Orangenmarmelade glacieren.

TIPP: Lässt sich gut vorbereiten. Schmeckt am besten lauwarm (kann auch nochmals im Rohr kurz erwärmt werden).

GELIERTE MANDARINEN MIT WEISSEM GRAND-MARNIER-SCHAUM
500 g Mandarinen
3/8 l Mandarinensaft
80 g Kristallzucker
6 Bl. Gelatine
2 cl Grand Marnier
Saft einer Zitrone

Schaum
100 g weiße Kuvertüre
1/4 l Schlagobers
4 cl Grand Marnier

Mandarinenschale abreiben und Mandarinen filetieren. Saft dabei auffangen. Mandarinensaft und Zitronensaft mit Zucker und abgeriebener Schale aufkochen, mit Grand Marnier abschmecken und die eingeweichte Gelatine darin auflösen. Noch lauwarm in schöne Gläser füllen und fest werden lassen.
Für den Schaum Schlagobers aufkochen, die Kuvertüre darin auflösen und Likör dazugeben. Nochmals kurz aufkochen lassen. Noch warm mit dem Stabmixer aufschlagen und den Schaum auf die gelierten Mandarinen geben. Sofort servieren.

PARFAIT VOM CHRISTSTOLLEN mit Vanillekipferl-Strudel

PARFAIT VOM CHRISTSTOLLEN

8 Scheiben vom Christstollen (0,5 cm)
3 EL Amaretto
3 EL Rum
50 g kandierte Früchte
1/8 l lauwarme Milch
125 g Marzipan
4 Bl. Gelatine
2 Eidotter
40 g Kristallzucker
1/4 l Schlagobers

Aus dem Christstollen 8 Taler (Durchmesser ca. 6 cm) ausstechen, den Rest klein würfeln und mit dem Amaretto-Rum-Gemisch tränken. Milch aufkochen, klein geschnittenes Marzipan darin auflösen und die kandierten Früchte dazugeben, ebenso den restlichen Amaretto-Rum. Die eingeweichte Gelatine darin auflösen.
Eidotter mit Kristallzucker über Dampf weiß schaumig schlagen und die Marzipan-Milch vorsichtig unterheben. Schlagobers steif schlagen und mit der Milchmischung und den marinierten Würfeln vom Christstollen vermischen. Entsprechende Förmchen zuerst mit einem Christstollentaler auslegen, Parfaitmasse einfüllen und mit einem Stollentaler abschließen.
Mindestens 4 Stunden kalt stellen.

TIPP: Lässt sich sehr gut vorbereiten, ist daher ideal für Gäste.
Parfaitförmchen gibt es im guten Fachhandel in verschiedenen Größen.

PORTWEINFEIGEN

8 frische Feigen
1 EL Butter
50 g Rohzucker
1 EL Honig
1/8 l Portwein

Feigen halbieren oder vierteln. Butter in einer Pfanne zerlaufen lassen, Zucker und Honig dazugeben und darin die Feigen karamellisieren. Mit Portwein ablöschen.

TIPP: Dazu passt ausgezeichnet Zimt-Eis.

OMAS VANILLEKIPFERL-REZEPT

200 g Butter
50 g Staubzucker
100 g Walnüsse, fein gerieben
250 g glattes Mehl
200 g Staubzucker
50 g Vanillezucker

Mehl, Staubzucker, Butter und Nüsse zu einem geschmeidigen Teig verarbeiten (nicht zu lange kneten, der Teig wird sonst „brandig" (brüchig). Eine Stunde kühl rasten lassen.

Ofen auf 200° vorheizen. Teig zu einer kleinen Rolle formen, portionieren und kleine Kipferln fertigen. Auf einem mit Backtrennpapier ausgelegten Blech hell backen (nur die Spitzen der Kipferln sollten hellbraun sein). Am besten noch heiß in der Staubzucker-Vanille-Mischung wälzen und danach vollständig auskühlen lassen.

LAUWARMER VANILLEKIPFERL-STRUDEL

4 Strudelblätter (TK)
100 g weiße Kuvertüre
100 g temperierte Butter
100 g Staubzucker
5 Eidotter
50 g Marzipan
4 cl Rum
8 cl lauwarme Milch
150 g Vanillekipferln
100 g Mehl
2 Msp. Backpulver
5 Eiklar

Kuvertüre im Wasserbad schmelzen, Butter, Marzipan, Dotter und Staubzucker cremig aufschlagen, die Kuvertüre unterheben. Eiklar zu steifem Schnee schlagen. Vanillekipferln mit Milch-Rum-Mischung tränken. Schnee, Vanillekipferln und das versiebte Mehl abwechselnd vorsichtig unter die Eimasse heben.

Strudelblätter auslegen und jeweils zwei mit flüssiger Butter bestreichen und übereinanderlegen. Einen breiten Streifen (ca. 10 cm) Masse aufstreichen. Seiten einschlagen und vorsichtig einrollen. Mit flüssiger Butter bestreichen und im vorgeheizten Ofen goldgelb backen.

TIPP: Lässt sich gut vorbereiten. Schmeckt hervorragend lauwarm auch mit einer Granatapfelsauce.

Silvester

Das Fest zum Jahresende feierten bereits die Römer – allerdings ursprünglich am 1. März. 153 v. Chr. wurde dann der Beginn des neuen Jahres auf den 1. Jänner verlegt.
Die Feuerfeste (Feuerspiele, heute Feuerwerke) haben alte germanische Wurzeln.
Der letzte Tag des Jahres – der 31. Dezember – ist nach Papst Silvester I. benannt.
Papst Innozenz XII. erklärte 1691 den 1. Jänner als offiziellen Jahresbeginn.

Brauchtum
Im deutschsprachigen Raum haben sich durch die Vermischung christlicher und heidnischer Traditionen spezielle Bräuche zum Jahreswechsel herausgebildet.

Feuerwerk
In zahlreichen Ländern wird das neue Jahr mit einem prunkvollen Feuerwerk begrüßt. Ursprünglich sollte das Lärmen zum Jahreswechsel die bösen Geister vertreiben, und so zählt es in dieser Funktion zu den ältesten Bräuchen überhaupt. Die Germanen nutzten dazu die Rasseln und Dreschflegel. Im Mittelalter nahm man Trompeten und Kirchenglocken zu Hilfe. Mit der Verbreitung des Schießpulvers setzte sich auch in unseren Breiten der chinesische Brauch des Feuerwerks durch. Bis heute ist es fester Bestandteil der Silvesternacht.

Bleigießen
Schon immer haben die Menschen versucht, einen Blick in die Zukunft zu werfen. Deshalb hat sich auch bis heute der Brauch des Bleigießens erhalten. Es wurde schon im Altertum als klassisches Orakel verwendet, wobei das Blei als Schwermetall eher für das Belastende des vergangenen Jahres stand.

Glücksbringer
Ein sehr beliebter Brauch ist das Verschenken von Glücksbringern an Familie und Freunde. Besonders das vierblättrige Kleeblatt gilt als Sinnbild für Glück und positive Entwicklungen. Der Rauchfangkehrer soll im übertragenen Sinn den Weg ins neue Jahr von Ruß und Schmutz befreien und für „frischen Wind" sorgen. Schweine galten schon bei den Germanen als Symbol für Fruchtbarkeit, Wohlstand und Reichtum. Im Mittelalter glaubten die Menschen, dass die Marienkäfer Himmelsboten und somit ein Zeichen für Glück seien.

Walzer
Der jüngste unter den Silvesterbräuchen ist das Walzertanzen um Mitternacht. Gleich nach dem Countdown erklingt der Wiener Walzer, und man schwebt lustig und beschwingt in das neue Jahr.

Heusuppe
– ein mittlerweile in Vergessenheit geratenes Gericht aus dem Kärntner Oberland. Wohl auch wegen der heilenden und stärkenden Wirkung der Almkräuter servierte man am Silvesterabend eine Heusuppe, verbunden mit Glücks- und Gesundheitswünschen für das neue Jahr. Diese Suppe gibt es in verschiedenen Variationen. Kränkelnde Personen wurden damit im Winter „aufgepäppelt".

FEUERZANGENBOWLE

„Die aufsteigende Wärme feuert die Gedanken an"

Bekannt ist diese Punsch-Variante aus dem Film „Feuerzangenbowle" (1944). Traditionell wird sie von der Adventzeit bis zu Silvester hauptsächlich auf Partys getrunken. Die Feuerzangenbowle ist eigentlich keine Bowle, sondern ein Punsch-Heißgetränk.

3 l trockener Rotwein (Zweigelt)
je 2 unbehandelte Zitronen und Orangen
3 Zimtstangen
6 Gewürznelken
50 g Ingwer
200 g Rohzucker
1 Zuckerhut
Rum, zur Hälfte 60 % und 80 %

Zitronen und Orangen waschen, Zesten abziehen und auspressen. Rotwein erhitzen, den Zitronen- und Orangensaft, die Zesten, den Rohzucker und die Gewürze dazugeben und ziehen lassen. Bowle in ein feuerfestes Gefäß umfüllen und warm halten. Feuerzange auf das Gefäß setzen und den Zuckerhut in die Mulde der Zange geben. Rum leicht erwärmen und mit einem kleinen Schöpfer über den Zuckerhut gießen und anzünden. Der Zucker schmilzt und tropft in die Bowle. Immer wieder leicht mit Rum übergießen. Wenn der Zuckerhut geschmolzen ist, ist auch die Bowle fertig. Bowle gut umrühren und heiß in vorgewärmte Groggläser oder Tassen füllen und servieren.

ACHTUNG: Rum nicht aus der Flasche gießen, es könnte sonst eine Stichflamme entstehen.

HEUSUPPE
mit Champagner

HEUFOND
*300 g Wurzelwerk
(Petersilwurzeln, Pastinaken, Sellerie, Karotten)
1 l Wasser
1 Hand voll Heublumen
5 Gewürznelken
2 Lorbeerblätter
je 2 Majoran- und Thymianzweige
1 Sternanis, etwas Zimt, Piment und
Wacholderbeeren*

HEUSUPPE
*150 g Butter
150 g Mehl
0,3 l Milch
1 l Heufond
0,2 l Champagner
(billiger und einfacher mit Riesling-Sekt)
1/4 l Sauerrahm
1/4 l geschlagenes Schlagobers*

FÜR DIE GARNITUR: ERDÄPFELSTROH
*2 mittelgroße Kartoffeln
Fett zum Frittieren*

Für den Heufond Wurzelwerk mit Gewürzen so lange kochen lassen, bis das Gemüse bissfest ist. Gemüse herausnehmen. Heublumen in den Sud geben und bei 80° ca. 10 Min. ziehen lassen. Fond durch ein feines Sieb abseihen und zugedeckt erkalten lassen.
Butter im Topf schmelzen, Mehl einrühren und mit heißer Milch aufgießen – kräftig durchrühren. Heufond dazugeben und köcheln lassen. Champagner mit saurem Rahm verrühren und mit dem geschlagenen Obers in die heiße Suppe einrühren – nicht mehr kochen lassen.
Mit dem Mixstab aufschäumen und servieren.

KARPFENFILET UNTER NUSSKROKANT
auf cremigem Weißkraut mit Orangenbutter

WEISSKRAUT
1/2 kg Weißkraut, in feine Streifen geschnitten
1 Zwiebel
Prise Zucker
1 TL Kümmel
Salz, weißer Pfeffer aus der Mühle
1/4 l Gemüsefond
2 EL Obers
1 EL saurer Rahm

Zwiebel in etwas Öl glasig anrösten und das geschnittene Weißkraut kurz mitrösten. Mit Zucker karamellisieren und mit Suppe ablöschen und würzen. 15 Min. köcheln lassen. Mit Obers und saurem Rahm verfeinern.

NUSSKROKANT
30 g geschälte Mandeln
20 g Walnüsse
40 g Rohzucker
50 g Butter
20 g Mie de bain
frischer Thymian
Prise Salz, weißer Pfeffer aus der Mühle

Mandeln und Walnüsse grob hacken und mit dem Zucker karamellisieren. Auf einem Backtrennpapier erkalten lassen und danach zerkleinern. Butter aufschlagen, mit den Nüssen und dem Mie de bain verrühren, würzen. Nusskrokant zu einer 5 cm dicken Rolle formen und kalt stellen (oder auch frieren; wenn die Masse ganz kalt ist, lässt sie sich in sehr dünne Scheiben schneiden).

KARPFENFILET
400 g frische Karpfenfilets
2 EL Erdnussöl
Kräutersalz

Karpfenfilets waschen, trocken tupfen und in gleiche Teile schneiden (je zwei pro Person). Öl in der Pfanne erhitzen, die Filets mehlieren und jeweils 1–2 Min. beidseitig goldbraun anbraten.
Ofen auf Grill einstellen. Filets mit jeweils einer Scheibe Krokant belegen und unter dem Grill ca. 3 Min. gratinieren. In der Zwischenzeit das heiße Kraut auf die vorgewärmten Teller in die Mitte geben und das goldbraune Karpfenfilet daraufsetzen. Mit Kräutersalz verfeinern.

BALANCE****SUPERIOR
das 4-Elemente SPA & Wohlfühlhotel am Wörthersee

Das Leben mit den Jahreszeiten, Traditionen und den 4 Lebenselementen (Feuer, Wasser, Erde, Luft) können Sie im Hotel BALANCE hautnah erleben.

Mein Küchenteam verwöhnt Sie hier mit einer außergewöhnlichen und saisonalen Küche. Bodenständiges kombiniert mit Kreativität sind die Zutaten für ein kulinarisches Feuerwerk.

Die besondere Lage auf einer leichten Anhöhe im Zentrum von Pörtschach mit einem traumhaften Blick auf den Wörthersee, ein SPA und Wellnesszentrum auf 2 Etagen, gestylte Garten und Schwimmbadanlage und die sprichwörtliche Kärntner Gastfreundschaft sorgen für Ihr Wohlbefinden.

Sie erreichen die Autorin auch unter: BALANCE****S
Winklernerstraße 68
9210 Pörtschach
0043 (0)4272 3001
office@balancehotel.at

Register

Angusbeef, Tatar 15
Anis 206
Apfel 212
Apfelblüten 70
Apfelblüten-Gelee 70
Apfel-Calvados-Palatschinke 216
Apfel-Hagebutten-Marmelade 166
Apfel-Kürbis-Suppe 213
Aromazucker 163

Baiser 147
Balsamicodressing 135
Bärlauch 44
Bärlauch-Chlorophyll 45
Bärlauch-Knödel 46
Bärlauch-Mangold-Säckchen 47
Bärlauchnudelteig 48
Bärlauchsuppe unter Dotterschaum mit gebackenem Sesam-Wachtelei und Bärlauch-Chlorophyll 45
Basilikum 112
Basilikum-Grießnockerln 141
Beeren 160
Beeren(starker) Mix 165
Beeren-Ketchup 144
Beeren-Ketchup trifft Feigensenf 144
Biedermeier-Kaffee 150
Birne Helene einmal anders 191
Birnen 190
Blätterteig mit rotem Zwiebel-Nektarinen-Relish 132
Bloody-Mary-Gelee 15
Blütenzucker 163
Blutorangenpüree 35
Bourbon-Vanille, Likör 229
Bowle 152
Bratapfel, Terrine 31
Bratapfelfülle, klassisch 214
Bratapfel-Gelee 31
Bratapfel-Trilogie 214
Brauner Zucker 163
Brie-Brot-Chip 25
Brie-Trilogie mit schwarzen Nüssen 25
Brioche 62
Brioche-Dörrpflaumen-Soufflé 20
Brombeer-Amaretto-Creme 161
Brombeer-Chutney 25
Brombeer-Crumble und Brombeer-Amaretto-Creme 160
Brösel 155
Brot 188
Brot und Gebäck 134
Brotsalat, lauwarm 135
Buratta auf lauwarmem Brotsalat 135
Butter, Ringelblumen 143
Calvados-Palatschinke 216

Camembert-Crème-brûlée 25
Champagner, rosa 201
Champagner-Rose mit Himbeersorbet und Champagner-Sabayon 122
Champagner-Sabayon 122
Chips aus Roten Rüben 14
Christstollen, Parfait 240
Chutney 149
Chutney 177
Cocktail „Winter-Orange" 228
Cocktail, Kaminfeuer 209
Crème brûlée 22
Cremesuppe von Kohlsprossen und Chili mit Kohlsprossen-Dörrpflaumen-Spieß 222
Cremige Polenta 53

Dialog von Schokomousse und Crème brûlée 22
Distelöl 116
Dörrpflaumen-Schalotten-Marmelade 232
Dörrpflaumensoufflé 20
Dörrpflaumen-Spieß 222
Dotterschaum 45
Dreierlei von der Kalbsleber mit Schwarzwurzel-Soufflé 223
Dreifärbige Kartoffelterrine 127
Dressing 145
Dunkle Hippe 202

Ei 63
Ei im Glas 62
Eier, gefüllt, auf Frühlingskräutersalat 64
Eierschwammerln 185
Eierschwammerl-Tatar 186
Eierschwammerl-Zwiebel-Fülle 179
Eis vom weißen Flieder 81
Eiscreme, Zitronenverbene 113
Entenfond 174
Erdäpfel 178
Erdäpfel mit Eierschwammerl-Zwiebel-Fülle 179
Erdäpfel mit Gorgonzola und Sonnenblumenkernen 180
Erdäpfel mit Kalbfleisch und Käse-Fülle 180
Erdäpfel mit Topfen-Kräuter-Fülle 180
Erdäpfel-Quartett, gefüllt 179
Erdäpfelstroh 244
Erdbeereis 88
Erdbeeren 86
Erdbeermousse 87
Erdbeer-Nougat-Tarte 88
Erdbeer-Schokoladen-Mille-feuille 87
Erdbeershake mit Joghurtmousse 86
Erdnussöl 116
Essig-Senf-Vinaigrette 145
Estragon 110

Farce 235
Farce 66
Fasanenbrust, gefüllt 170
Feigensenf 144
Feuerzangenbowle 243
Filet vom Kärntner Tauernrind unter der Sommerkräuterkruste 126
Fleischtomaten, gefüllt mit Ratatouille 137
Flirt mit Rosen und Herzkirschen 106
Flüssiges Schokoladentörtchen 84
Forellenfilet mit Lachsmousse gefüllt auf Kohlrabi-Spaghetti und gegrillter Tomatenpolenta 98
Frischkäse (Buratta) 135
Frühlingskräuter-Mantel 52
Frühlingskräuter-Ravioli, offen, mit Zitronengrasbutter 48
Frühlingskräuter-Ravioli-Fülle 49
Frühlingskräutersalat 64
Frühlingsmorchel 102
Frühlingsmorcheln 103

Gamsrückenfilet, mariniert 176
Gänseblümchen 54
Gänseblümchen-Gelee mit Pimpernelle-Stangerln 55
Gänsekeulen (Martini-Gansl-Keule) 218
Gänseleber 230
Gänseleber, Terrine 31
Garnelen 90
Garnelen, mariniert 90
Gebäck 134
Gebackene Kalbsleber 223
Gebackene Polentaknödel mit Drautaler Käse 183
Gebackene Schokoladenmousse 238
Gebackene Schokoladenmousse mit Mandarinentarte und gelierten Mandarinen unter Grand-Marnier-Schaum 238
Gebackener Rhabarber 72
Gebratene Jakobsmuscheln auf Rote-Rüben-Fond mit violetten Gnocchi 17
Gebratene Wildente mit Oliven, Feigen und Melanzani-Polenta-Auflauf 174
Gebratener Waller auf Kartoffelgulasch 172
Gefüllte Fasanenbrust auf Herbstgemüse-Tatar und Holunderjus mit Kartoffel-Kernöl-Espuma 170
Gefüllte Heurige (Kartoffeln) 103
Gefüllte Pfirsichhälften mit Topfencreme 154
Gefüllte rosa Eier auf Frühlingskräutersalat 64

Gefüllte Zucchiniblüten auf Paprika-Couscous mit Sommertrüffeln 120
Gefüllte Zwetschgennudeln mit Sliwowitz-Sabayon 196
Gefüllter Camembert 25
Gefülltes Erdäpfel-Quartett 179
Gegrillte Tomatenpolenta 98
Gelee aus Stachelbeeren und Weintrauben 166
Gelee, Apfelblüten 70
Gelee, Bloody Mary 15
Gelee, Bratapfel 31
Gelee, Gänseblümchen 55
Gelee, Himbeer 122
Gelee, Rote Rüben 31
Gelee, Wein 198
Gelierte Mandarinen mit weißem Grand-Marnier-Schaum 238
Gemüsetatar 170
Geräucherter Käse vom Weideschaf im Blätterteig mit rotem Zwiebel-Nektarinen-Relish 132
Gerollte Maibockschulter mit Sellerie-Lasagne und Kirschknödel 104
Geröstete Kalbsleber mit karamellisierten Apfelspalten 223
Geschmolzene Tomaten 124
Getreide 188
Gnocchi 168
Grammelknödel, offen 177
Grammelschicht 177
Grand-Marnier-Schaum, weiß 238
Grappatrauben 181
Grießnockerln 141
Gulasch 183

Haselnussöl 116
Hausgemachte Tagliatelle mit Steinpilz-Rahm 187
Heiße weiße Schokolade mit Bacardi und Pinienkernen 37
Heller Nudelteig 48
Heufond 244
Heusuppe 244
Heusuppe mit Champagner 244
Himbeeren 148
Himbeer-Gelee 122
Himbeer-Sorbet 122
Hippe, dunkel 202
Holunder 92
Holunder-Balsamico 92
Holunder-Balsamico und Holunder-Olivenöl 92
Holunderjus 171
Holunder-Olivenöl 93
Honig 207
Honig 58
Honig 78
Honigtrüffel 79

Ingwer 206
Ingwer-Cappuccino 234
Irish-Coffee-Mousse mit Baiser 202

Jakobsmuscheln 17
Jakobsmuscheln auf Rote-Rüben-Fond 17
Jakobsmuscheln in Pergament 32
Jakobsmuscheln mit Fenchel in Pergament mit Rote-Rüben-Tagliatelle und Zitronenmelisse-Butter 32
Jakobsmuscheln, gebraten 17
Joghurt 148
Joghurt-Himbeer-Becher mit Baiserhaube 147
Joghurt-Marinade 145
Joghurtmousse 86

Kalbfleisch 180
Kalbsfilet im Kräutermantel mit cremiger Polenta 52
Kalbsleber mit Schwarzwurzel-Soufflé 223
Kalbsleber, gebacken 223
Kalbsleber, geröstet, mit karamellisierten Apfelspalten 223
Kalbsleber, sautiert, mit Zitronen-Konfit 223
Kaminfeuer-Cocktail 209
Kandiszucker 163
Kaninchenfilet 66
Kaninchenjus 67
Kaninchenrücken und Kaninchenfilet im Tramezzinimantel mit Erbsenpüree 66
Karamell-Kastanien 193
Kardamom 206
Kärntner Laxn (Kärntner Lachsforelle) 35
Kärntner Laxn auf Mangoldziegel mit Blutorangenpüree 35
Karottenchip 68
Karotten-Crème-brulée 68
Karotten-Ingwer-Cappuccino mit knuspriger Kartoffel-Chili-Zigarre 234
Karottenkuchen, lauwarm 69
Karottenmousse 68
Karpfenfilet 247
Karpfenfilet unter Nusskrokant auf cremigem Weißkraut mit Orangenbutter 247
Kartoffelbrot 189
Kartoffelgnocchi 17
Kartoffelgulasch 172
Kartoffel-Kürbiskernöl-Espuma 171
Kartoffeln 178
Kartoffeln, gefüllt (Heurige) 103
Kartoffel-Spinat-Rolle auf geschmolzenen Tomaten 124

Kartoffelstroh 244
Kartoffelterrine, dreifarbig 127
Kartoffelzigarre 234
Käse, geräuchert, vom Weideschaf im Blätterteig mit rotem Zwiebel-Nektarinen-Relish 132
Käse-Fülle 180
Kastanien-Trüffel 194
Kerbel 63
Kirschknödel 105
Klassische Bratapfelfülle 214
Klassischer Nudelteig 187
Knödel 155
Knödel, Bärlauch 46
Knödel, Kokos 38
Kohlrabi-Spaghetti 98
Kohlsprossen 222
Kohlsprossen-Dörrpflaumen-Spieß 222
Kokos, Schaumsuppe 19
Komposition von Kaninchenrücken und Kaninchenfilet im Tramezzinimantel mit Erbsenpüree 66
Kräuterkipferln, ofenfrisch 210
Kräuterkruste 126
Kräuteröl 117
Kresse 50
Kresse-Dip 51
Kresse-Quiche 50
Kresse-Sabayon 51
Kristallzucker 163
Kürbis 167
Kürbischips 167
Kürbisgnocchi mit Kürbiskernpesto und geräuchertem Ricotta 168
Kürbiskern-Pesto 169
Kürbismousse 167
Kürbis-Suppe 213

Lachsforelle (Kärntner Laxn) 35
Lachsmousse 98
Lammjus 20
Lammrücken unter der Nuss-Honig-Kruste mit Dörrpflaumensoufflé 20
Lauchstrudel 173
Lauwarme Speckzwetschgen mit Rahm-Brie 196
Lauwarmer Karottenkuchen 69
Lauwarmer Vanillekipferl-Strudel 241
Laxn (Kärntner Lachsforelle) 35
Leinöl 116
Liaison von Spargeltarte und Radieschen-Vinaigrette 94
Liebstöckel 101
Liebstöckelschaumsuppe 101
Likör von der Bourbon-Vanille 229
Löwenzahn 57
Löwenzahn-Honig 58
Löwenzahn-Panna-cotta 58

Macadamianuss-Fülle 202
Maibockschulter mit Sellerie-Lasagne und Kirschknödel 104
Maibockschulter, gerollt 104
Maiskeimöl 115
Majoran 110
Mandarinen, geliert 238
Mandarinentarte 238
Mandelbrösel 155
Mangold-Säckchen 47
Mangoldziegel 35
Marillen 148
Marillen-Chili-Chutney 149
Marillenfleck 150
Marillenkuchen 150
Marillen-Rosen-Marmelade 149
Marinierte Walderdbeeren 83
Mariniertes Gamsrückenfilet auf Rahmkraut mit offenem Grammelknödel und rotem Zwiebel-Chutney 176
Marmelade 149
Marmelade 165
Marmelade 166
Marmelade, Dörrpflaumen-Schalotten 231
Maroni 193
Maronimousse 192
Maronimousse-Törtchen 192
Maroni-Panna-cotta mit Portweinfeigen 218
Maronisorbet mit rosa Champagner 201
Martini-Gansl-Keule gerollt mit knusprigem Rotkrautspitz 218
Mediterranes Dressing 145
Melanzanikaviar 146
Melanzani-Polenta-Auflauf 175
Melisse 112
Mille-feuille 87
Minzezucker 163
Mocca-Trüffel 229
Mohn-Trauben-Dessert 198
Mostschaumsauce 214
Mostschaumsauce 216
Mousse von der Karotte mit Karotten-Crème-brûlée und lauwarmem Karottenkuchen 68
Mousse, Erdbeeren 87
Mousse, Irish-Coffee 202
Mousse, Lachs 98
Mousse, Rhabarber 73
Mousse, Spargel 96
Mousse, weiße Schokolade 87
Mürbteig 88
Mürbteig 94

Nelken 206
Nougatcreme 88
Nougat-Tarte 88
Nudelteig 48

Nudelteig, Bärlauch 48
Nudelteig, hell 48
Nudelteig, klassisch 187
Nudelteig, zweifärbig 48
Nuss-Honig-Kruste 20
Nusskrokant 247

Ofenfrische Kräuterkipferln 210
Ofen-Tomaten 137
Offene Frühlingskräuter-Ravioli mit Zitronengrasbutter 48
Offene Grammelknödel 177
Oliven- und Tomatenbaguette 134
Olivenöl 116
Oliventapenade 146
Oliventapenade und Melanzanikaviar 146
Omas Vanillekipferl-Rezept 241
Orangen-Preiselbeer-Ildefonso 232
Oregano 110
Osterbrioche 62
Osterei im Glas 62

Palatschinke 216
Panna cotta 58
Panna cotta, Maroni 218
Paprika 140
Paprika-Couscous 121
Paprika-Mozzarella-Terrine mit marinierter Garnele 90
Paprika-Mozzarella-Terrine, pikant 90
Paprika-Schaumsuppe 140
Parfait 191
Parfait vom Christstollen 240
Parfait vom Christstollen mit Vanillekipferl-Strudel 240
Parfait von der Gänseleber 31
Pariser Schoko-Creme 191
Pasteten 230
Persipan 151
Petersilie 112
Pfirsich-Bowle – ein echter Sommerklassiker 152
Pfirsiche 152
Pfirsichhälften, gefüllt, mit Topfencreme 154
Pfirsich-Maracuja-Marmelade 165
Pfirsichmousse, weiß, mit Pfirsichragout 154
Pfirsichragout 154
Pfirsich-Topfen-Knödel 155
Pfirsich-Trilogie 154
Pflaumen 195
Pikante Paprika-Mozzarella-Terrine mit marinierter Garnele 90
Pimpernelle-Stangerln 55
Pinienkerne 37
Pistazien 83
Pistaziensüppchen 83
Pistazienwaffeln 83

Pistazienwaffeln mit marinierten Walderdbeeren 83
Polenta, cremig 53
Polenta-Auflauf 175
Polentaknödel, gebacken, mit Drautaler Käse 183
Portweinfeigen 218
Portweinfeigen 240
Punsch-Heißgetränk (Feuerzangenbowle) 243
Punschtrüffel, weiß 36
Püree aus jungen Erbsen 67

Quicheteig 50

Radieschen-Vinaigrette 94
Rahm-Brie 196
Rahm-Dressing 145
Rahmkraut 177
Rahmkraut 235
Rapsöl 115
Ratatouille 137
Rehfilet im Strudelteig mit Rahmkraut 235
Rendezvous vom Stubenküken mit gefüllten Heurigen und Frühlingsmorcheln 103
Rhabarber 72
Rhabarber-Chip 73
Rhabarber-Mousse 73
Rhabarber-Sorbet 72
Ricotta, geräuchert 168
Rind (Filet vom Kärntner Tauernrind) 126
Ringelblumenbutter 143
Rohrzucker 163
Rosen und Herzkirschen 106
Rosmarin 112
Rote Rüben 18
Rote Rüben chic mit violettem Basilikum 14
Rote Rüben, Schaumsuppe 19
Rote Rüben, Terrine 31
Rote-Rüben-Fond 17
Rote-Rüben-Gelee 31
Rote-Rüben-Tagliatelle 32
Rotkrautspitz 218
Rühreier in der Schale 61

Sabayon 51
Sabayon, Champagner 122
Sabayon, Sliwowitz 196
Sautierte Kalbsleber mit Zitronen-Konfit 223
Schaumsuppe vom Paprika mit Basilikum-Grießnockerln 140
Schaumsuppe vom Sellerie 29
Schaumsuppe von der Zwiebel mit Lauchstrudel 173
Schaumsuppe von Roten Rüben und Kokos 19

Schaumsuppe, Liebstöckel 101
Schaumsuppe, weiß, von Zucchini
 mit Zitronenöl 118
Schmetterlings-Hippe 95
Schnittlauchcreme 186
Schokobiskuit 22
Schokochino mit
 Schoko-Kokos-Knödel 38
Schoko-Creme 191
Schoko-Kokos-Knödel 38
Schokolade 85
Schokolade, weiß, mit Bacardi
 und Pinienkernen 37
Schokoladenbiskuit 192
Schokoladen-Canache 22
Schokoladenmousse 22
Schokoladenmousse, gebacken 238
Schokoladenmousse, weiß 87
Schokoladentörtchen, flüssig 84
Schwarze Nüsse 110
schwarze Nüsse 25
Schwarzwurzel-Soufflé 223
Sellerie, Schaumsuppe 29
Sellerie-Lasagne 105
Sennergulasch mit gebackenen
 Polenta-Käse-Knödeln 183
Sesamöl 116
Sesam-Wachtelei, gebacken 45
Sliwowitz-Sabayon 196
Sommertrüffel 119, 120
Sommer-Vinaigrette 145
Sonnenblumenöl 115
Sorbet, Himbeer 122
Sorbet, Maroni 201
Sorbet, Rhabarber 72
Soufflé, Dörrpflaumen 20
Soufflé, Schwarzwurzel 223
Spargel 95
Spargelbelag 94
Spargelmantel 96
Spargelmousse im Spargelmantel 96
Spargel-Radieschen-Vinaigrette 94
Spargeltarte 94
Spargeltarte und Radieschen-
 Vinaigrette 94
Speckzwetschgen, lauwarm, mit
 Rahm-Brie 196
Spinat 125
Stachelbeeren- und Weintraubengelee
 166
Steak (Filet vom Kärntner
 Tauernrind) 126
Steinpilz-Rahm 187
Stubenküken 102
Stubenküken mit gefüllten Heurigen
 und Frühlingsmorcheln 103
Süße Zigarre 202

Tafelspitz-Crostini 101
Tafelspitz-Käferbohnen-Salat
 unter der Kürbismousse 167

Tagliatelle, hausgemacht,
 mit Steinpilz-Rahm 187
Tatar, Eierschwammerl 186
Tarte Tatin aus Marillen 150
Tatar vom Angusbeef mit
 Bloody-Mary-Gelee und
 Bittersalaten 15
Terrine von Bratapfel, Gänseleber
 und Roten Rüben 31
Terrine, Paprika-Mozzarella 90
Terrine, Wild 231
Tête-à-Tête zwischen Tafelspitz
 und Liebstöckel mit Tafelspitz-
 Crostini 101
Thousand-Island-Dressing 145
Thymian 112
Tiramisu Caprese 138
Tomaten 136
Tomaten, geschmolzen 124
Tomatenbaguette 134
Tomatenpolenta, gegrillt 98
Tomatenragout 138
Tomatenschaum, weiß 139
Tomatenvinaigrette 96
Topfen-Kräuter-Fülle 180
Tramezzinimantel mit Erbsenpüree
 66
Trauben-Dessert 198
Traubenkernöl 116
Traumtänzer-Schokoladentraum,
 Dialog von Schokomousse und
 Crème brûlée 22
Traumtänzer-Trilogie, Terrine
 von Bratapfel, Gänseleber und
 Roten Rüben 31
Trüffel 119
Trüffelöl 119
Trüffelsalz 119

Vanille 206
Vanillekipferl 241
Vanillekipferl-Strudel, lauwarm 241
Vanille-Parfait 191
Vanillezucker 229
Variation vom Rhabarber 72
Verbene 112
Vinaigrette 145
Vinaigrette, Tomaten 96
Violette Kartoffelgnocchi 17
Violette Spritzkartoffeln 20
Vollkornbrot 188

Waffeln, Pistazie 83
Walderdbeeren, mariniert 83
Walderdbeeren-Ragout mit
 Erdbeereis 88
Waller, gebraten 172
Weinblatt, gefüllt 181
Weingelee 198
Weintrauben 199
Weiße Punschtrüffel 36

Weiße Schaumsuppe von Zucchini
 mit Zitronenöl 118
Weiße Schokolade mit Bacardi
 und Pinienkernen 37
weiße Schokoladenmousse 87
weißer Flieder, Eis 81
Weißer Schaum 35
Weißer Tomatenschaum 139
Weißes Pfirsichmousse mit
 Pfirsichragout 154
Weißkraut 235
Weißkraut 247
Wildente, gebraten 174
Wild-Sauce 236
Wildterrine mit Orangen-Preiselbeer-
 Ildefonso und lauwarmer Dörr-
 pflaumen-Schalotten-Marmelade
 231
Wintercocktail „Winter-Orange" 228
Würzöle 116

Zander 129
Zander im Ganzen 128
Ziegenkäse im Weinblatt 181
Ziegenkäse im Weinblatt mit
 Grappatrauben 181
Zigarre, Kartoffel-Chili 234
Zigarre, süß 202
Zimt 206
Zimt-Mocca-Trüffel 229
Zitronenbutter 48
Zitronenmelisse-Butter 32
Zitronenöl 118
Zitronenverbene 113
Zitronenverbene-Eiscreme 113
Zucchini 117
Zucchini, Schaumsuppe 118
Zucchiniblüten, gefüllt, auf Paprika-
 Couscous mit Sommertrüffeln
 120
Zucker 162
Zweifärbiger Nudelteig 48
Zwetschgen und Pflaumen 195
Zwetschgennudeln, gefüllt, mit
 Sliwowitz-Sabayon 196
Zwetschgen-Wild-Sauce zum
 Rehfilet im Strudelteig 236
Zwiebel-Chutney 177
Zwiebel-Nektarinen-Relish 132
Zwiebel-Schaumsuppe 173

Die WIENER KÜCHE, das kulinarische Vermächtnis Altösterreichs, ist zu einem Teil unserer Lebenskultur geworden. Dieses neue Standardwerk versammelt alle Klassiker zum Nachkochen und Genießen und präsentiert kreative Ideen für den modernen Küchenalltag – perfekte Hausmannsküche von heute zum Verlieben!

Adi Bittermann · Renate Wagner-Wittula
DIE WIENER KÜCHE
Die 300 besten Rezepte
416 Seiten, 19 x 24,5 cm
Hardcover mit SU, zahlr. Farbabb.
ISBN: 978-3-85431-558-2 · € 34,99

Ein Juwel, das Liebhaber besonderer Bücher und Freunde der Kochkunst gleichermaßen entzücken wird: ein zauberhaftes Kochbuch in einer attraktiv gestalteten Box, mit den besten Rezepten aus der wienerisch-böhmisch-ungarischen Kochtradition: vom Tafelspitz bis zu exquisiten Torten und Kuchen.

Christoph Wagner · Hotel Sacher
SACHER
Eine kulinarische Schatzkiste
336 Seiten, 19 x 19 cm
Hardcover mit SU, zahlr. Farbabb.
ISBN: 978-3-99011-017-1 · € 34,95

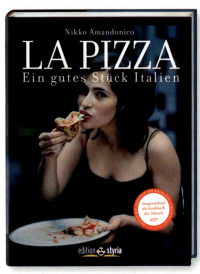

Das schönste und sinnlichste Buch zum Thema: eine einzigartige Liebeserklärung an Neapel und sein Wahrzeichen: La Pizza. Ein Buch mit den besten Rezepten für alle Pizza-Liebhaber und wunderbaren Bildern, die in faszinierender Weise das Lebensgefühl des Südens vermitteln.

Nikko Amandonico
LA PIZZA
Ein guten Stück Italien
168 Seiten, 23,5 x 29 cm
Hardcover mit SU, zahlr. Farbabb.
ISBN: 978-3-99011-032-4 · € 34,95